REGINE KÖLPIN
Wer mordet
schon am Wattenmeer?

MÖRDERISCHES WATTENMEER Wer glaubt, die Nordseeküste sei eine friedliche und beschauliche Gegend, sieht sich getäuscht. Hinterm Deich, in den Marschwiesen, am Nordseestrand und im Moor lauern unsägliche Gefahren auf Besucher und Bewohner des Küstenstrichs. Historische Persönlichkeiten tauchen ebenso aus der Versenkung auf und gehen ihrem tödlichen Treiben nach, wie auch der ganz normale Bürger von nebenan, der sich auf keine andere Art und Weise als durch Mord zu helfen weiß. Der Tod lauert überall. In Jever und Sande, in Emden und Greetsiel, auch Wittmund und Norden bleiben nicht verschont, genau wie etliche der Ostfriesischen Inseln. Begegnen Sie der friesischen Gemütlichkeit einmal anders und begleiten Sie die Autorin auf ihrer mörderischen Reise über die Ostfriesische Halbinsel. Sie werden die Nordseeküstenregion anschließend mit ganz anderen Augen sehen.

Regine Kölpin ist 1964 in Oberhausen geboren und arbeitet als freiberufliche Autorin. Sie hat zahlreiche Romane sowie Kurztexte publiziert (für Kinder und Jugendliche unter Regine Fiedler), Anthologien herausgegeben und dafür etliche Preise und Auszeichnungen erhalten. Seit vielen Jahren erstellt sie mit der Folk-Gruppe Dreebladd erfolgreiche Lesungs-und Musikprogramme, die das Publikum nachhaltig begeistern. Außerdem inszeniert Kölpin historisch-kriminelle Stadtführungen mit Lesungen an Originalschauplätzen in Jever und Neustadtgödens, die von Beginn an ein großes Publikum in den Bann ziehen und sie über die Region hinaus bekannt gemacht haben. Regine Kölpin lebt mit ihrer großen Familie in Friesland.

REGINE KÖLPIN

Wer mordet schon am Wattenmeer?

11 Krimis und 125 Freizeittipps

Besuchen Sie uns im Internet:
www.gmeiner-verlag.de

© 2014 – Gmeiner-Verlag GmbH
Im Ehnried 5, 88605 Meßkirch
Telefon 0 75 75 / 20 95 - 0
info@gmeiner-verlag.de
Alle Rechte vorbehalten
1. Auflage 2014

Herstellung: Julia Franze
Umschlaggestaltung: U.O.R.G. Lutz Eberle, Stuttgart
unter Verwendung eines Fotos von: © karstenjeltsch – Fotolia.com
und © Carola Schubbel – Fotolia.com
Druck: GGP Media GmbH, Pößneck
Printed in Germany
ISBN 978-3-8392-1580-7

*Personen und Handlung sind frei erfunden.
Ähnlichkeiten mit lebenden oder toten Personen
sind rein zufällig und nicht beabsichtigt.*

VORWORT
DIE OSTFRIESISCHE HALBINSEL

Die ostfriesische Halbinsel erstreckt sich vom Jadebusen bis zum Dollart entlang der Nordseeküste. Was ist das für ein Landstrich, in dem das Meer *See* heißt und der See *Meer*? Warum begrüßt man sich dort ausschließlich mit *Moin*, sowohl tagsüber als auch am Abend? Was sind das für Menschen, die beim Trinken einer Tasse Tee den Löffel nur nutzen, um zu signalisieren, dass sie kein Getränk mehr wünschen? Warum bedeutet Tief in diesem Landstrich keine Großwetterlage, sondern tituliert einen kleinen Flusslauf? Genau wie ein Schlot ein Graben und kein Kamin ist. Dieses und mehr wird Ihnen in diesem Reiseführer begegnen. Auch wenn die Geschichten und Ausflugstipps auf der ostfriesischen Halbinsel angesiedelt sind, ist zwischen Friesland und Ostfriesland und der Stadt Wilhelmshaven zu unterscheiden. Darauf wird bei den Einheimischen großen Wert gelegt und anders wäre es auch politisch nicht korrekt. Zu Ostfriesland gehören die Gebiete der ehemaligen Grafschaft Ostfriesland mit der Stadt Emden und den Landkreisen Leer, Aurich, Wittmund. Die anderen Gebiete gelten aus der Geschichte heraus als friesisch, dazu gehört der Landkreis Friesland mit der Insel Wangerooge, dem Jeverland, dem Wangerland und der friesischen Wehde. Die Stadt Wilhelmshaven ist autark.

Ich lebe in der Küstenregion, seit ich vier Jahre alt bin, fühle und denke Friesisch. Ich liebe die Natur, die Weite der Landschaft und das raue Küstenklima, den Wind, der oft etwas heftiger als anderswo weht. Ich mag die See, wenn sie aufgepeitscht an den Strand schlägt, und auch die Salzwiesen mit der Vielfalt von Flora und Fauna.

Was gibt es Schöneres, als mit dem Fahrrad die Kanäle abzufahren oder durch die ewig grüne Marsch zu radeln. Genauso herrlich sind die Touren an den Deichen entlang. Es ist wunderbar, dabei dem Kreischen der Möwen zu lauschen, die Ruhe jenseits von Stress und Autoverkehr zu genießen. Ich lebe dort, wo andere Urlaub machen und koste es Tag für Tag in vollen Zügen aus. Oft denke ich, dass in Friesland und Ostfriesland die Uhren einfach ein wenig langsamer ticken, was sich auf Land und Leute sehr positiv auswirkt. Entschleunigen ist hier nicht nur ein Modewort. In diesem Buch habe ich aber auch einen ganz anderen, einen mörderischen Blick auf meine Heimat gewagt. Ich bringe die Schönheit und Einzigartigkeit der Landschaft näher, indem ich die kriminellen, die dunklen Seiten ausgrabe. Seiten, wie sie sein könnten. Jenseits der wunderbaren Idylle.

Sie werden mir auf Schauplätze folgen, von denen Ihnen einige vielleicht bekannt sein dürften, andere habe ich für Sie entdeckt. Mindestens einen werden Sie bewusst für die Haupthandlung der mörderischen Geschichten kennenlernen, einige werden Sie nur streifen, hin und wieder auch dort verweilen.

Begleiten Sie mich auf einer manchmal tödlichen Reise entlang der friesischen und ostfriesischen Küste. Vielleicht werden Sie sich dann fragen, genau so, wie ich es getan habe:

Wer mordet schon am Wattenmeer?

Herzlich

Ihre

Regine Kölpin

1. GEMEINDE SANDE

Die Gemeinde Sande ist eine Flächengemeinde, die sich über fünf Ortschaften, nämlich Sande selbst, Mariensiel, Dykhausen, Neustadtgödens und Cäciliengroden erstreckt. Sie ist eine Biosphärenreservatsgemeinde, liegt direkt am Weltnaturerbe Wattenmeer und wird vom Ems Jade Kanal durchzogen.

Sandes Ortsteile erzählen jeder für sich eine außergewöhnliche Geschichte. Touristisch gilt die Gemeinde eher als Geheimtipp für einen abwechslungsreichen, aber zugleich ruhigen Urlaub.

Ein Besuch im kirchenreichsten Ort Nordwestdeutschlands, nämlich Neustadtgödens, lohnt sich in jedem Fall. Es sind noch alle fünf Kirchen der verschiedenen Konfessionen (sogar eine Synagoge) erhalten, wenn die Gotteshäuser auch häufig nicht mehr als solche genutzt werden. Die ehemalige Mennonitenkirche dient mittlerweile als historische Gaststätte, die reformierte Kirche als Wohnhaus, die Synagoge steht leer. Zwei Mühlen (die Oberahmer Kornmühle und die Wasserschöpfmühle auf dem Wedelfeld) prägen das Ortsbild. Im Museum im Landrichterhaus laden wechselnde Sonderausstellungen und Veranstaltungen zum Verweilen ein.

In Dykhausens reformierter Kirche ist der Grabstein Hinrich Krechtings, des ehemaligen Kanzlers des Täuferführers aus Münster, zu bewundern. Er lebte ab 1543 in der Herrlichkeit Gödens, war maßgeblich an der Gründung des Handelsfleckens Neustadtgödens beteiligt und wirkte bis zu seinem Tod als Armen- und Kirchenvorstand der reformierten Kirche.

Der Ortsteil Mariensiel hat seinen ursprünglichen Charakter als Sielort behalten, Cäciliengroden hingegen besteht fast ausschließlich aus Siedlungshäusern und besticht durch seine unmittelbare Nähe zum Jadebusen, dem Wattenmeer und den vorgelagerten Salzwiesen.

In Sande selbst ist beispielsweise der Fernsehsender Friesischer Rundfunk zu Hause und man kann im *Küsteum* ein Stück Küstengeschichte erleben. Der sich dort befindliche Marienturm diente als Sommersitz Fräulein Marias von Jever. Sehenswert ist auch die St. Magnus Kirche.

Anreise
   Mit dem Auto: A 29 von Oldenburg Richtung Wilhelmshaven, Ausfahrt Sande
   Mit dem Zug: von Oldenburg mit der Nordwestbahn direkt bis Bahnhof Sande

Alle Infos oder Anmeldungen für Führungen/Veranstaltungen unter:
   Gemeinde Sande
   Hauptstraße 79
   26452 Sande
   E-Mail: Gemeinde@Sande.de
   Tel: 04422/95880
   www.sande.de

DER WITZBOLD

Karl oder auch Karl der Große Lüdemann war tot. Daran bestand keinerlei Zweifel. Das Licht im rot-weißen Leuchtturm des Friesischen Rundfunks [1] blitzte unvermindert in die laue Spätsommernacht, ungeachtet der Tatsache, was eben geschehen war. Immerhin hatte der Discjockey die Musik bereits abgestellt.

Der Tote hing über seinem Schnitzel, als habe er im letzten Augenblick noch versucht, ein Stück von der köstlichen Panade zu ergattern.

»Sicher hatte er einen Herzinfarkt, ihm war heute nicht gut«, schluchzte Gertrud, die Frau an seiner Seite. Parfümmarke echt Kölnisch Wasser, großer Vorbau nebst schlecht ondulierter Lockenpracht. Geschätztes Alter: Mitte 50. Sie wurde flankiert von Margarethe und Maria, zwei Schönheiten jenseits des attraktiven Verfallsdatums, dahinter platzierten sich Jupp und Horst in braunen Sandaletten mit weißen Tennissocken und bewaldeten Storchenschenkeln. Sie wirkten angesichts der unfassbaren Situation hilflos, was sich in bedenklichen Nickbewegungen, offenen Mündern und einem Kratzen hinter dem Ohr äußerte. Heribert Eisenherz schien als Einziger nicht überrascht von den Vorgängen. Er aß in Ruhe sein Schnitzel auf, tupfte sich den Mund mit der Serviette ab und gesellte sich erst dann zu seinen Freunden, die sich nach Heriberts Dafürhalten wie ein aufgescheuchter Hühnerhaufen verhielten.

Das Schnitzelessen hatte der krönende Abschluss der diesjährigen Küstenkegeltour sein sollen. Schon im Vorfeld waren etliche Stimmen laut geworden, die von einer

Fahrt an die Nordsee abrieten, so als hätten sie geahnt, was kommen würde, als sei die unausweichliche Konsequenz im Ableben von Karl Lüdemann vorhersehbar gewesen. Karl der Große Lüdemann: Ein zu forscher und zu gieriger Mensch. Vor allem, was seine Neigung und seine Besitzansprüche Frauen gegenüber betraf. Es gab keine in der Kegelgruppe, die seinem Charme nicht erlegen war.

Heribert Eisenherz war nicht sicher, was genau seine Anziehungskraft ausgemacht hatte, denn Karl Lüdemann lebte von Besserwisserei und Späßen auf Kosten anderer. Aber sein Einfluss, seine Macht hatte ihm eines Tages den Beinamen Karl der Große eingebracht. War er nicht dabei, nannten ihn alle ausschließlich so.

Mittlerweile herrschte betretenes Schweigen auf dem Gelände. Wäre nicht ab und zu ein Auto oder ein Trecker vorbeigekommen, hätte über dem Platz vor dem Sander Rathaus eine gespenstische Stille gelegen.

Heribert ließ seinen Blick zufrieden über die Kegeltruppe schweifen. Wahre Betroffenheit sah anders aus. Nur machte es sich nicht gut, im Angesicht dieses Unglücks Gleichgültigkeit zu heucheln.

Dennoch war Heribert äußerst glücklich, ja sein Gefühl war beinahe berauschend. Der Tod von Karl Lüdemann war sozusagen das Sahnehäubchen oder das sogenannte Tüpfelchen auf dem I. Die Krönung seines Laufs auf der Zielgeraden. Und das Beste war: Er würde niemals für das, was er getan hatte, belangt werden, denn wer konnte ihm etwas vorwerfen? Er mimte wie immer den Witzbold der Gruppe.

Heribert setzte sich wieder, schnappte sich das Schnitzel seines Tischnachbarn, der offensichtlich satt war, und hieb seine Zähne in das saftige Fleisch. Er bemerkte durchaus die angewiderten Blicke seiner Freunde, denn wer aß schon im Beisein eines Toten? Selbst das Wort Leichenschmaus bezog sich auf eine dem Ableben nachfolgende, aber keinesfalls eine gleichzeitige Tätigkeit, was dem Wohlgeschmack des fantastischen Schnitzels, was sie hier im Pavillon servierten, jedoch keinen Abbruch tat. Dieses Essen war bezahlt und er empfand es als Affront gegen den Koch, es stehen zu lassen.

Nachdem er seinen Teller geleert und die Reste lautstark zusammengekratzt hatte, erhob Heribert sich wieder, trat unter die schweigende und staunende Menge, die gebannt der Arbeit von Sanitätern und Polizisten zusah und welche nunmehr den Rasen bevölkerten. Das Blaulicht mischte sich hektisch zwischen das Flackern des Leuchtturmscheinwerfers und zerhackte es.

Heribert ließ seinen Blick zum Rathaus schweifen, das an die Wiese gegenüber des Friesischen Rundfunks grenzte. Er wischte sich den Mund mit der Serviette ab. Ein Lächeln glitt ihm übers Gesicht. Zum Abschluss würde er alldem noch einmal so richtig eins draufsetzen. Ein wunderbarer Abschlusswitz, der wie ein Absacker wirken sollte.

»Hey Leute«, dröhnte er in die Stille hinein, »kennt ihr den eigentlich schon? Ist ein Beamtenwitz. Von euch gehören doch auch etliche dieser Zunft an, während Karl der Große Lüdemann es vorzog, als Wirtschaftsboss die armen Spießbürger über den Tisch zu ziehen.« Er sah sich beifallheischend um. Der Applaus blieb verständlicherweise aus, was Heribert aber nicht stoppen konnte. »Also hier und jetzt einen speziellen Beamtenwitz für unseren eben dahingeschiedenen Kegelbruder Karl, der euch in dieser Funktion stets absolut lächerlich fand: *Ein Beamter kommt nach 29 Dienstjahren zu seinem Chef und will sich versetzen lassen. Sagt der Chef: ›Lehmann, Sie sitzen jetzt schon 29 Jahre im gleichen Büro. Warum wollen Sie dort nicht bleiben‹? – Antwortet Lehmann: ›Tja Chef, das ist halt das wilde Zigeunerblut in mir!‹«*

Heribert lachte wiehernd und ziemlich allein, denn so richtig Stimmung wollte sich nicht einstellen.

»Lass gut sein, Heribert!«, mahnte ihn Jupp, der Kegelbruder zur Rechten, während sich ein paar der Damen, Margarethe und Maria voran, demonstrativ die Augen tupften oder lautlos ihr gepudertes Näschen schnäuzten. Ihre Blicke, die sie in Heriberts Richtung sandten, waren scharf wie Speerspitzen.

Der ließ seinen Goldzahn grinsend aufblitzen. Er war noch lange nicht fertig. »Ich kenne einen kürzeren, hört mal zu! Der ist echt gut und hat Hintergrund, da muss man um die Ecke denken! Den hat mir Karl der Große Lüdemann selbst mal erzählt.« Er räusperte sich, ehe er loslegte: »*Aus der Haushaltsrede eines Kämmerers:* ›*Vergangenes Jahr standen wir vor dem Abgrund, dieses Jahr sind wir schon einen großen Schritt weiter!*‹«

Heribert schlug sich auf die Schenkel, aber noch immer erntete er keine Begeisterung. Er fand es unfair, immerhin war er der Einzige, der die Dinge je beim Namen nannte. So scheinheilig jetzt auch alle taten: Niemand von ihnen hatte Karl Lüdemann gemocht. Denn der stiftete Unfrieden, was nicht zuletzt seinem Goldkettchen und der weißen üppigen Haarpracht geschuldet war. Beides faszinierte die Damenwelt stärker, als es sollte. Karl hatte das ausgenutzt, wann immer er konnte. Ungeachtet der Tatsache, Gertrud damit zu verletzen. Doch da er sie regelmäßig mit verschiedenen Brillanten zu trösten verstand, hatte sie gelernt, stillzuhalten. Ein Edelstein war das schlagende

Argument und Gertrud wusste genau, wie sehr sie von ihren Kegelschwestern darum beneidet wurde. Zwar war allen, wirklich allen anderen weiblichen Wesen bekannt, wie gut Karl der Große Lüdemann untenherum gebaut war, aber sie allein durfte in der großen Seevilla an seiner Seite hausen. Sie allein trug den teuren Schmuck und sie allein fuhr den Jaguar. Gertrud achtete allerdings mit Argusaugen darauf, dass ihr Gatte die Spielregeln einhielt und weder Maria oder Margarethe oder sonst wen mit ähnlichen Präsenten bedachte. Karl der Große Lüdemann hatte sich auch stets brav an die Abmachung gehalten. Zu viel galt ihm der gesellschaftliche Status, eine Scheidung hätte sich nicht gut gemacht. Da war er altmodisch.

Die anderen Ehemänner sahen betreten weg oder waren von ihm abhängig, denn der Arm von Karl Lüdemann reichte als geschätzter Wirtschaftsboss weit. Nun aber nicht mehr und das hatten sie ausschließlich Heribert Eisenherz zu verdanken. Er hoffte, dass sie es eines Tages honorierten. Er war ein Held.

Heribert hatte nie Lust verspürt, vor Karl Lüdemann einzuknicken, vermutlich als Einziger. Erst recht nicht, seitdem er auch seine Frau in dessen Bett vorgefunden hatte. Obgleich der sie verstieß, wie alle seine Eroberungen, weil er eben seine in Kölnisch Wasser getränkte Gertrud nie verlassen würde, reichte sie die Scheidung ein. Heriberts Potenz und männliche Bestückung genügte ihr im Vergleich zu Karls in der Folge nicht mehr. Aufgrund dieser Tatsache hatte sich in Heribert eine gewisse Antipathie eingestellt, die, je länger seine Frau fort war, in Hass umgeschlagen war. Welchen Mann ließ der Vorwurf einer mangelnden Potenz und eine zu geringe männliche Größe schon kalt? Das war so ziemlich das Schlimmste, was eine

Frau über ihren Angetrauten sagen konnte, und eindeutig nicht hinnehmbar. In vielen dieser quälenden Nächte hatte sich Heribert Eisenherz durchgerungen, dass in Bälde mit Karl Lüdemanns Leben Schluss sein sollte.

In ihm reifte ein Plan, den er letztlich auf genau dieser Kegelfahrt umzusetzen gedachte. Sein Widersacher würde nicht lebend nach Düsseldorf zurückkehren und er, Heribert, plante nicht, sich die Hände dabei schmutzig zu machen.

Mittlerweile langweilte sich Heribert. Die Sanitäter und Polizisten schienen immer dasselbe zu tun. Keine Abwechslung in der Szenerie. Er hatte sich etwas Spektakuläreres vorgestellt. Doch im Prinzip konnte er stolz auf sich sein, denn ganz eindeutig vermutete niemand einen Mord. Er hatte es richtig gut gemacht.

Heribert setzte sich in einen der seitlich aufgebauten Strandkörbe und beobachtete von dort das Geschehen. Er hatte freien Blick, es erschien ihm wie ein Logenplatz. Den hatte er sich auch redlich verdient. Wer schon mordete am Wattenmeer so perfekt wie er? Sie weilten bereits seit drei Tagen in Sande. Drei Tage, in denen die Schraube sich Tag für Tag fester angezogen hatte. Darauf musste er anstoßen und wenn er es mit sich selbst tat. Er bestellte sich einen *Sturmflut*, trotz des Durcheinanders servierte man ihm den bräunlichen Kräuterschnaps. Es wurde Zeit, seinen Geniestreich noch einmal ausgiebig Revue passieren zu lassen.

»Wo de Nordseewellen trecken an de Strand …« Heribert hatte das Lied gleich bei der Abreise aus Düsseldorf angestimmt und es folgte stilecht: »Dat du mien Leevsten büst …«

Die Kegelgruppe hatte Spaß, das Bier nährte die Männer, der Piccolo prickelte in den Kehlen der Damen. Mit dieser gut gelaunten Gesellschaft näherte sich der Bus dem historischen Flecken Neustadtgödens [2]. Zunächst war ein Besuch im Landrichterhaus geplant, anschließend eine Kostümführung.

Der Gästeführer erschien und führte die Gruppe durch den geschichtsträchtigen Ort. Karl der Große Lüdemann tat das, was er immer tat: Er gab an. Und zwar in einer unnachahmlich dämlichen Überheblichkeit, die auch den Gästeführer des Öfteren veranlasste, die Stirn zu runzeln. Keiner, der sich so gut vorbereitet hatte, ließ sich gern belehren, niemand beantwortete freiwillig solch provozierende Fragen, ob es in den Gotteshäusern damals Abtritte gab oder ob der Pfarrer selbst auf aus Knochen gebauten Kämmen Musik machte, denn sicher habe es noch gar keine richtige Orgel gegeben. Karl der Große Lüdemann aber stellte diese Fragen, kam sich witzig vor, sah seine Bemerkungen als humorvolle und gelungene Bereicherung des Tages.

Heribert bewunderte den Gleichmut, mit der der Gästeführer darauf reagierte, vermutlich war er so etwas gewöhnt.

In der evangelischen Kirche platzte Heribert dann der Kragen. Er stand auf, nutzte die wunderbare Akustik des Gotteshauses und schmetterte mit Inbrunst den ersten wirklichen Witz des Tages, in der irrigen Hoffnung, Karl der Große Lüdemann zum Schweigen zu bringen: »*Moses kam vom Berg herab, um den Wartenden Gottes die Botschaft zu verkünden.*

›Also Leute, es gibt gute und schlechte Nachrichten. Die gute ist: Ich hab ihn runtergehandelt bis auf zehn. Die schlechte: Ehebruch ist immer noch dabei!‹«

Alles schwieg, Heribert war es gelungen, das beherrschende Thema, die Untreue der anwesenden Kegelschwestern und ihre ständigen Techtelmechtel mit Karl unauffällig in den Mittelpunkt zu stellen. Seinen Wink hatte jeder verstanden, doch wie immer nahm keiner den Faden auf. Es war ihnen peinlich, mit der Nase darauf gestoßen zu werden. Dennoch versuchten alle von der Sekunde an, ein wenig auf Distanz zu gehen. Der erste Schlag gegen Karl Lüdemann hatte gesessen. Er war mit den paar Sätzen mundtot gemacht geworden und der Gästeführer konnte seine Führung unbehelligt fortsetzen.

Anschließend besuchte die Kegelgruppe die Oberahmer Kornmühle **3** und die Wasserschöpfmühle **3** im Wedelfeld. Karl Lüdemann war außergewöhnlich still, Heriberts Witz hatte ihn kleinlaut gestimmt. Aber der Tag war noch lange nicht vorbei.

Im Neustädter Stübchen stärkten sie sich bei Kaffee und Kuchen und setzten anschließend die Rundreise mit dem Bus fort. Sie passierten den Jüdischen Friedhof **4** und das Schloss Gödens **5**, wo Gertrud es sich nicht verkneifen konnte, ihre letzten beiden Besuche bei der Landpartie und bei Weihnachten auf Schloss Gödens mehr oder weniger beiläufig zu erwähnen. Immer wieder streifte ihr Blick ihren Gatten, doch der schwieg beharrlich, wollte sich offenbar kein weiteres Mal aufs Glatteis begeben.

Sie stapften in Dykhausen **6** hoch zur reformierten Kirche, wo der Grabstein eines berühmten Täuferführers zur Besichtigung auf die Gruppe wartete. Das Gotteshaus war schmucklos, wie reformierte Kirchen sich eben darstellten, und da Heribert sich generell nicht für alte Gemäuer, ob christlich angehaucht oder nicht, begeistern konnte, ließ es ihn auch jetzt kalt.

Karl Lüdemann aber lief sich schon wieder warm. Er grub eine Anekdote aus, eine Legende, die er über den Täuferführer aus Münster irgendwo gelesen hatte. Es ging darum, wie er bei Nacht und Nebel aus der Stadt geflüchtet war. Und dass es Münzen gab, die sie als Propaganda nutzten. Die Damenwelt zupfte andächtig im Gleichtakt die Utensilien für die Kriegsbemalung in Form von Lippenstiften, Kajal und Lidschatten heraus und hing mit ebendieser an seinen vollen Lippen.

Heribert war froh, als sie den Bus erneut bestiegen. Als alle saßen, legte Gertrud wieder mit ihrer Landpartie los und wie gut es ihr auf dem Schloss gefallen hatte. »Und der Karl kennt ja so viele von Rang und Namen. Ich kann gar nicht mehr zählen, wie vielen Grafen ich schon die Hand geschüttelt habe!«

Heribert drehte sich um. Es wurde Zeit für seinen nächsten Coup. »Kennt ihr den?« Er holte Luft, die Frauen wandten sich demonstrativ ab, starrten aus dem Fenster, wo es allerdings nichts zu sehen gab, da der typisch friesische Nieselregen eingesetzt hatte und den Rheinlanddreck an den Scheiben zu einer undefinierbaren Masse vermischte. Heribert erkannte deren Unbehagen, aber gleichwohl die Kampfeslust in den Augen ihrer Männer. Er hatte sie seit seinem Einsatz in der Neustädter Kirche auf seiner Seite, auch wenn sie es nicht zugaben.

»Ich meine einen dieser Grafenwitze«, erhob Heribert seine sonore Stimme, kämpfte sich zum Fahrer durch und nahm das Mikro in die Hand. »Für alle, die sich noch nicht genug dem Adel hingegeben haben! Es ist eben nicht alles Gold, was glänzt.

Sitzt ein Graf mit schlohweißem Haar und Goldkette

einem Mann gegenüber im Zug. Nach einer Weile fragt er: ›*Darf ich fragen, wohin die Reise geht?*‹
›*Von Paris nach Frankfurt.*‹
›*Das ist ja wunderbar. Diese moderne Technik. Sie fahren von Paris nach Frankfurt und ich von Frankfurt nach Paris. Nur, dass sie so herum sitzen und ich andersherum.*‹
Heribert griente Karl der Große Lüdemann an und lachte laut ins Mikro. Dieser Witz war das Abziehbild seiner dämlichen Bemerkungen und der Gute hatte das sehr wohl zur Kenntnis genommen.

Heriberts Schläge kamen platziert und zielgenau. Doch es war lediglich der Beginn. Sein Gegner musste sich ganz warm anziehen. Es war wie beim Boxkampf, auf den sich Heribert als guter Fernsehzuschauer ausgezeichnet verstand. Perfekte Vorbereitung und ein gezieltes Training waren einfach alles. Karl der Große Lüdemann war ihm hilflos ausgeliefert, genau so wollte Heribert es haben.

Dem blieb nichts anderes übrig, als den Kopf zu schütteln und seiner Gemahlin so etwas wie »primitiv« ins Ohr zu hauchen.

Der Tag war bald geschafft, und als sie schließlich Quartier in ihrem Hotel bezogen, war Heribert Eisenherz hoch zufrieden. Karl der Große Lüdemann war merklich stiller geworden, die anderen Männer mutiger. Er hatte seinen Thron bereits stiekum verlassen müssen. So war der Plan. Am Ende würde er am Boden liegen.

Morgen war eine Radtour den Ems-Jade-Kanal **7** entlang geplant. Das Vorhaben konnte unbehelligt weiter ausgereizt werden.

Es lagen noch volle zwei Tage vor der Truppe. Volle zwei Tage, um gezielt zu verwunden, bis Karl der Große Lüdemann am Schluss seinen Verletzungen erlag.

Heribert hatte das Universum, ja sämtliche Mächte der Welt beschworen, ihm bei seinem Vorhaben zu helfen. Er hatte es genauso gemacht, wie er es in seinen Esoterik-Ratgebern gelesen hatte. Nun würde sich herausstellen, ob es stimmte, dass man alles erreiche, wenn man es sich nur fest vornahm. Und wie er es geplant hatte! Wie ausgefuchst, wie akribisch. Es konnte nicht schiefgehen. Diese zwei Tage waren die letzten im Leben von Karl der Große Lüdemann. Der Kosmos würde ihn keinesfalls im Stich lassen.

Die Sonne schien und brach sich in den leichten Wellen des träge dahinfließenden Ems-Jade-Kanals.

Heribert war schon früh aufgestanden und um den Sander See 8 gejoggt, denn seine Wut auf Karl war in der Nacht fast unbezwingbar geworden. Er sollte jedoch seine Kraft bündeln und vor allem durfte er weder emotional noch unüberlegt agieren. Kein Boxer tat das. Pokerface. Ruhe ausstrahlen. Präsenz zeigen.

Jeder Schlag in Richtung Karl der Große Lüdemann musste sitzen. Er hatte nur ein geringes Zeitfenster und nur wenige Treffer frei. Traf er nicht, bestand die Gefahr, dass sich die Stimmung wendete, das wollte und konnte er sich keinesfalls leisten.

Nach dem ausgiebigen Frühstück liehen sie Räder an der Paddel- und Pedalstation 9 und machten sich auf den Weg am Kanal entlang in Richtung Mariensiel 10. Es war eine gut zu fahrende, idyllische Strecke. An einigen Stellen trennte lediglich ein Stück Wiese den Weg vom Wasser. Ein kleiner Schubs mit dem Vorderrad würde genügen und das unterleibsgesteuerte Leben von Karl Lüdemann fände in den braunen Moorfluten sein Ende. Heribert reizte die Vorstellung zwar, doch genau zu solchen unüberlegten Handlungen durfte er sich nicht hinreißen lassen. Er musste sich zusammennehmen. Karl der Große Lüdemann beglückte alle Damen und doch hinterließ er nichts als gebrochene Herzen. Das Recht war auf der Seite Heriberts und er würde sein Ziel genau so verfolgen, wie er es sich in den langen und einsamen Nächten in Düsseldorf ausgemalt hatte. Er war in der Lage, Karl auf eine einzigartige Art und Weise zu besiegen, denn darin war Heribert unschlagbar: Er kannte sämtliche Witze dieser Welt.

Sie passierten den kleinen Flughafen am Deich. Dort war Showtag und ein Fallschirmspringer löste eben seine Leine, um in Richtung Boden zu segeln. Heribert nahm die »Aahs« und »Oohs« zur Kenntnis. Das war seine nächste Möglichkeit. Wieder warf er einen gekonnten Seitenblick zu Karl, der ausgerechnet neben Ilse stand, die erst vor zwei Monaten seinetwegen ungewollt schwanger geworden war und abgetrieben hatte. Sie war eine vom jüngeren Kaliber, hatte mit ihren 45 Jahren aber wohl nicht mehr daran geglaubt, dass die Potenz ihres Lovers bis zur Befruchtung ausreichte.

»Kennt ihr schon den neusten Fallschirmwitz?«, fragte Heribert Beifall heischend in die Runde. Alle schüttelten den Kopf. Jupp scharrte mit der Schuhspitze über das grüne Deichgras und befleckte die blütenweißen Spitzen seiner Tennissocken. Horst, der Ehemann Ilses, schluckte so heftig, dass sein Adamsapfel auf- und niedertanzte. Es war unwahrscheinlich, dass er von dem Wechselbalg nichts gewusst hatte.

»*Was ist der Unterschied zwischen einem Fallschirm und einem Kondom?*« Heribert stieß Jupp den Ellenbogen in die Seite. »Na, sag schon! Du ahnst es doch!« Der wandte sich ab, aber Heribert umfasste seine Schulter. »*Der Unter-*

schied zwischen einem Fallschirm und einem Kondom ist: Wenn der Fallschirm reißt, stirbt einer!* Na, ist der gut?«
Heriberts Lachen wurde nicht einmal vom Nordseewind weggeweht. Es haftete in aller Ohren und setzte sich dort fest. Horst und Jupp hatten rote Wangen und konnten die Worte sehr wohl einordnen. Ilse lachte ihr schrilles Ilselachen und tat so, als amüsiere sie sich über den Witz. Die anderen Frauen taten es ihr gleich.

Was für eine gelungene Fahrt!

Die Kegelgruppe radelte weiter, hielt zwischendurch an einem der Werke des Skulpturenpfads. **10** »Das ist wahre Kunst der Schöpfungsgeschichte«, brüstete sich Karl der Große Lüdemann, wollte wohl wieder mal klarstellen, dass er als Einziger wusste, was es mit dem Hintergrund dieser Bildnisse auf sich hatte.

»Ja, die Schöpfung, das Menschwerden, hat etwas«, ergänzte Heribert. »Und wie wunderbar, was Gott uns als Beigabe geschenkt hat. Die Liebe und die schönen Frauen.« Heribert entging das betretene Schweigen nicht, er konnte gezielt nachlegen. »Ich kenn da einen: *Bei einem Fest starrt der Ehemann hingerissen auf die hübschen Mädchen und stellt anerkennend fest: ›Ganz schön viel Frischfleisch hier!‹*
›Stimmt‹, seufzt sein Nachbar, ›aber ich habe leider meine eigene Konserve dabei.‹«

Heribert zwinkerte seinen Kegelbrüdern zu. Sie hatten verstanden. Und wie sie verstanden hatten.

Nach der Erkundung des Salzwiesenpfades **11** machten sie am Deich ein Picknick. Karl Lüdemann versuchte die Gruppe erneut auf seine Seite zu ziehen, indem er über die heimische Vogelwelt dozierte, die Artenvielfalt in den Salzwiesen und das Weltnaturerbe Wattenmeer.

Heribert legte sein Hühnerbein auf dem rotweißen

Pappteller ab, stand auf und hob die Hand. »Ich kenne einen super Vogel-Vögelwitz.« Er kicherte schon im Vorfeld. »Hört zu, der ist absolut spitze! *Frau G. kommt früher von der Arbeit nach Hause. Herr H. liegt nackt mit einer anderen Frau im Bett. Frau G. ist kräftig. Sie packt das Weib und schmeißt es ohne lange Rede zum Fenster hinaus.*

Herr H. ist entsetzt. ›Was hast du da getan?‹

Antwortet Frau G. ›Wer vögeln kann, kann auch fliegen.‹
»Ein super Vogelwitz, was?«

Heribert schlug sich auf die Schenkel und feierte sich allein wegen der genialen Namensgebung. Frau G. , wie doppeldeutig. G wie Gertrud. G. wie … ach wie klasse! Besser konnte man es kaum machen. Er griff zum Hühnerbein und biss herzhaft ein großes Stück heraus.

Die ganze Rückfahrt zum Küsteum 12 sprach keiner mehr mit ihm. Alle hatten an seinen Witzen zu knabbern. Den Frauen haftete eine vornehme Kühle an, während den Männern schon hin und wieder mit der Erwähnung von Frau G. ein Lächeln über die Lippen glitt.

Auch beim Essen im Marienstübchen 12 herrschte Schweigen. Heribert aber war noch nicht fertig. Ein Blick aus dem Fenster gab ihm eine neue Steilvorlage: »Schaut raus, hier stolzieren Hahn und Hennen.« Er lachte glucksend, während er die Kegelzunft fixierte. »Na, wollt ihr noch einen? So einen richtig fetten Hühner-Joke?«

Es verlangte keiner danach und doch glaubte Heribert, dass sie nach seinen Witzen lechzten. Die Stimmung war unterschwellig stark angeheizt. Jeder spürte das. Jeder wusste das. Aber niemand wagte eine Bemerkung. Bis jetzt konnten sie das kommende Unheil auf Heribert abladen. Er war schuld. Und es störte ihn keineswegs. Er hatte dem

Schicksal einen winzigen Anstoß gegeben, alles Weitere würde sich finden.

Heribert stand auf, taxierte die Kegelgruppe mit einem Seitenblick auf Maria, deren Haar sich seit einem Jahr merklich lichtete. »Es ist ein Spitzenwitz, ehrlich! Also:

Kommt der Hahn zur Kegelrunde, um seine Kegelschwestern als stolzer Hahn zu beglücken. Der dritten Henne rupft er jedes Mal eine Feder aus, die anderen bleiben, auch nachdem er sie beglückt hat, unbehelligt.

Nach einer Woche stinkt es der Henne und sie stellt den Hahn zur Rede. ›Jeden Tag kommst du zu uns in den Hühnerstall und beglückst die anderen Hennen – mir aber rupfst du ständig eine Feder raus! Warum machst du das???‹

Der Hahn schaut ihr tief in die Augen und kräht mit sonorer Stimme: ›Weil ich dich nackisch sehn will, Baby!‹

Heribert lachte zu laut und wiederholte. »Nackisch sehn will ich dich. Ist der gut? Na, ist der gut oder ist der gut?«

Die Lacher hielten sich in Grenzen, weil ausgerechnet jetzt Maria im Dekolleté von einer Biene gestochen wurde. Heribert war nicht mehr zu stoppen. Er erhob sich: »Hört mir alle zu! Ich habe auch dazu einen Spitzenwitz auf Lager:

›Herr H. macht Urlaub in Sande. Er muss mal und schleicht sich um das Marienstübchen. Dort wird er von einer Wespe in seinen Penis gestochen. Der Mann wendet sich an den Besitzer, der rät ihm, sein gutes Stück in Milch zu baden. Gesagt getan, er badet ihn in Milch.

Zufällig kommt Frau M. vorbei und schaut sich die Sache interessiert an. Da meint der Herr H. zu ihr: ›Haben Sie so was noch nie gesehen?‹

Sagt die: ›Das schon, aber noch nie wie der wieder aufgetankt wird.‹

Gertrud knetete das Messer in der rechten Hand, mit der linken hieb sie die Gabel in das Stück Rinderfilet, aus dem das Blut seitlich hinauslief. Sie hatte keinen Bissen gegessen, stand auf und klopfte mit dem Gabelende an ihr Glas. Der klirrende Ton zerschnitt die nachfolgende Stille.

»Ich habe auch einen«, erhob sie schließlich ungewöhnlich ruhig das Wort: »*Was ist der Unterschied zwischen einem Hochzeitsmahl und einem Leichenschmaus? Ein Gedeck weniger!*«

Karl der Große Lüdemann hatte ganz offensichtlich ein ausgeprägtes Schlafdefizit. Ringe zierten seine Augen und ließen sie tief in den Höhlen liegen. Heribert nahm an, dass Gertrud ihm die Hölle heiß gemacht hatte.

Ihre Finger glitzerten vor Brillanten, sie konnte sie kaum knicken. Am Hals trug sie ebenfalls Tand ohne Ende. Sie hatte sich wohl mit dem gesamten Inhalt ihrer Schmuckkassette behängt. Bald würde sich ihr Gatte etwas einfallen lassen müssen, wenn er sie noch abfinden wollte, es war nicht mehr viel freie Haut übrig.

Heribert hatte nach Gertruds Angriff lange nachgedacht, wie er heute final vorgehen sollte. Er war doch ziemlich enttäuscht, Karl Lüdemann so unversehrt am Frühstückstisch sitzen zu sehen. Es war Eile geboten, sonst ging sein Kalkül nicht auf und er würde weitere Kegelabende mit dem Mann verbringen müssen, der sein Leben zerstört hatte.

Nach einem kleinen Rundgang durch Sande stand eine Funkhausführung auf dem Plan. *Fernsehen ohne Schnickschnack im schönsten Land auf dieser Erde* war der Slogan.

Zum Abschluss gab es das gemeinschaftliche Schnitzelessen. Heribert lief die Zeit weg, wenn nicht bald etwas passierte. Zwar hatte Jupp gestern am Küsteum ziemlich lange vor dem Fingerhut gestanden und Heribert war nicht sicher, ob er nicht ein paar Blätter in seiner Hosentasche versteckt hielt, um sie Karl kleingehackt über den Salat zu streuen. Sein Hass auf ihn war immens, war er doch von seiner Frau auch wegen mangelnder Stehkraft nach einer Liasion mit Karl verlassen worden. Er brauchte bestimmt nur noch den letzten Kick.

Auch Ilse hatte auffallend lange am Insektenhotel gestanden. Er war sich sicher, dass sie aus der Tasche ein Glas gefischt hatte. Vielleicht trug sie gerade eine Wildbiene spazieren. Jeder von ihnen wusste, dass Karl hochallergisch auf Bienenstiche reagierte. Es war jammerschade, dass das Tier sich gestern auf Maria und nicht auf Karl gestürzt hatte. Diese Wendung wäre einmalig gewesen, nur dafür hatten die Wünsche ans Universum offenbar nicht ausgereicht.

Horsts hochrotes Gesicht nach seinen gezielten Witzen war ihm ebenfalls nicht entgangen. Er litt unter Bluthochdruck. Wer wusste schon, was man mit diesen Pillen, falsch eingesetzt, so alles anrichten konnte?

»Mensch, Jungs und Mädels, ihr braucht es doch nur zu tun«, flüsterte er. »Ich gönne euch die Ruhe vor diesem Mann!« Heribert fand die Formulierung sehr gelungen, denn er hatte gelesen, dass man seinen Mitmenschen stets etwas gönnen sollte, weil dieses Wort positiv besetzt sei und man so nicht mit Repressalien aus dem Universum rechnen musste. Das hätte ihm gerade noch gefehlt!

Also gönnte er Karl Lüdemann mit Inbrunst den Tod, seinen Kegelbrüdern und Schwestern eine kreative tödliche Idee und damit die Ruhe vor diesem Mann. Sich selbst gestand er es natürlich erst recht zu.

Im Funkhaus erfuhren sie von Karl- Heinz, dem Boss und der guten Seele des Senders, allerlei Wissenswertes. Der große Schlag stand bevor! Es konnte nicht sein, dass Heriberts Sticheleien wirkungslos geblieben waren.

Kurz nachdem der Duft der Schnitzel über das Gelände gezogen war, wandte er sich Gertrud zu. »Kennst du den?«, fragte er. Das würde der letzte Superwitz sein. Danach musste endlich passieren, was passieren musste. Er nutzte die Pause des DJ's.

»›*Mama, weiß du, warum Papa so dick ist?*‹, *fragt das Kind von Frau G.*

›*Warum denn?*‹

›*Ich habe durchs Schlüsselloch gesehen, wie Tante M ihn aufgeblasen hat!*‹«

Gertrud wurde blass. Blanker Hass sprang Heribert entgegen.

Er aber lächelte nur. »So ist er, dein Karl. Und alle hier wissen es.«

Nur drei Minuten später sackte dessen Kopf aufs Schnitzel.

Heribert beobachtete die Sanitäter und den Notarzt, die aufgegeben hatten, wieder Leben in Karl zu zaubern. Mittlerweile hatte man den nicht angerührten Teller weggeräumt. Heribert fand es schade darum, denn er hatte nur selten ein besseres Schnitzel als hier im Pavillon gegessen.

Der schwarze Leichenwagen fuhr vor und befreite die Kegelgruppe endgültig von Karl. Einmal noch zur Beisetzung, danach war das Thema durch.

Karl der Große Lüdemann wurde fünf Tage später mit gewaltigen Ehren bestattet. Kränze, ein Blumenmeer und ein laut schluchzendes Publikum. Alles, was er sich für seinen letzten Tag auf Erden gewünscht hätte. Heribert gönnte ihm diesen Auftritt nicht, ihm wäre ein Verscharren in aller Stille lieber gewesen. Dennoch hatte er sich beim Universum bedankt. Denn seine Wünsche waren in Gänze eingetroffen und er konnte nun seit langer Zeit wieder nach vorn schauen. Diesen abschließenden Akt wollte er mit Würde und Anstand überstehen.

Er war der Letzte, der Karl Lüdemann die Ehre erweisen sollte. Die Damen hatten mit Tränen in den Augen die Rosenblätter auf dem Sargdeckel ausgebreitet, sie würden sein gut gebautes und allzeit bereites Gemächt vermissen. Die Männer hatten eine Schaufel Erde auf den Eichensarg geworfen, sich kurz verneigt und waren anschließend mehr als erleichtert von dannen geschlichen, nachdem sie Gertrud pflichtschuldig die Hand geschüttelt und sich auf den Weg zur Kaffeetafel gemacht hatten. Angesichts der gesellschaftlichen Stellung des Verblichenen war sicher ein gutes Essen zu erwarten, was sich die Leute nicht entgehen lassen wollten.

Nun stand Heribert verloren vor dem offenen Grab, hatte sich eben entschlossen, Sand und Asche über Karl Lüdemann zu werfen, als er etwas Spitzes in seinem Rücken spürte.

»Du lächerlicher Spaßvogel! Ich habe dir den Witz vom Leichenschmaus bereits als kleine Warnung hinterlassen. Ich habe aber noch einen«, ertönte Gertruds zischende Stimme hinter ihm. »Ich weiß nicht, wer von euch ihn auf dem Gewissen hat, doch du, du hast es genauso geplant und alle aufgehetzt. Nun hör gut zu, Heribert Eisenherz: ›*Liebe Schwestern und Brüder, warum nur läuft Heribert nur im Zickzack?*‹

›*Sei still und lade das Gewehr nach*!‹

Wieder drückte etwas Spitzes gegen seine Wirbelsäule. »Ich habe leider nur ein Messer, aber das ist kreative Freiheit.«

Heribert durchfuhr ein heftiger Schmerz. Er fiel in die offene Grube und landete unsanft auf Karl Lüdemanns Sarg. Er sah im Filmabspann, den sein scheidendes Leben begleitete, sowohl Horst, wie er seine Blutdrucktabletten aufgelöst in Karls Bier kippte, er sah Jupp den kleingehäckselten Fingerhut über den Salat streuen und er erkannte auch Ilse, die ihre gefangene Wildbiene mit einem Kuss auf Karls Wange in dessen Hemdausschnitt steckte.

Heribert hatte erreicht, was er wollte. Und nun bezahlte er. »Ich habe euch doch nur Gutes gegönnt«, stieß er aus, bevor der dunkle Schatten ihn einholte und frösteln ließ. Wo war dieses gottverdammte Licht, von dem alle schwärmten?

»Dir den Reichtum, der dir nun ganz allein zufällt«, japste er, fast so, als könne er das, was Gertrud ihm als Rache zugedacht hatte, auf irgendeine Weise noch abwenden.

»Glaubst du ernsthaft, du kannst das Universum verarschen? Ich habe durch deine Anspielungen meinen guten Ruf verloren. Aber ich will nicht so sein. Auf deinem Grabstein bekommst du eine nette Gravur. Ein kleiner Witz!«, grinste Gertrud. »Den Friedhofswärter habe ich bestochen, der braucht seine Pension nicht mehr«, lächelte sie, bevor Heribert die Augen für immer schloss. Anschließend warf sie einen beschrifteten Stein hinterher und winkte dem alten Mann, der augenblicklich begann, Erde über die beiden Verblichenen zu schaufeln.

Sie tänzelte singend davon, als sie den Spruch in leisem Singsang wiederholte und sich auf den Weg zur Kaffeetafel machte.

»Hier ruht Karl der Große Lüdemann
Der's Mausen niemals lassen kann.
Wird auch im Himmel sich vergnügen
und dort eins auf die Nase kriegen.
Denn das Leben, das ist fair.
Schickt den Feind gleich hinterher.
Auf ihm drauf, nicht unversehrt
liegt jetzt der freche Heribert.«

FREIZEITTIPPS:

1 **Friesischer Rundfunk**
Sande ist Sitz des Fernsehsenders *Friesischer Rundfunk*. Er verfügt neben dem Funkhaus auch über den FRF Pavillon, in dem man angenehm und zu adäquaten Preisen speisen kann. Vor oder nach dem Essen ist es möglich, als Besucher live zu erleben, wie Fernsehen gemacht wird. Durch eine Glaswand wohnt der Gast der Produktion einer Sendung bei. Selbst Funkhausführungen sind ab 25 Personen im Paket mit der Visite des Pavillons möglich.

Vor dem FRF-Rundfunkgebäude befindet sich ein rot-weißer Leuchtturm mit Biergarten, der sich als *Rundum-Versorgungsstation* (Musik, Getränke, Licht) bestens bewährt hat. Mein besonderer Dank geht an den Friesischen Rundfunk und Karl-Heinz Sünkenberg, der sich sogar als echter Darsteller in der Geschichte zur Verfügung gestellt und mir erlaubt hat, den Sender zum Tatort zu machen.

Mehr unter: www.friesischer-rundfunk.de

2 **Neustadtgödens als kirchenreichstes Dorf Nordwestdeutschlands mit seinen Führungen und dem Museum im Landrichterhaus**
Neustadtgödens ist mehr als eine Reise wert, da die unterschiedlichen Epochen ein großes Spektrum an Spuren hinterlassen haben. Neustadtgödens ist ein Flecken, wird aber häufig fälschlicherweise als Dorf bezeichnet, weil es seit der Gemeindereform 1972 ein Ortsteil der Gemeinde Sande ist. Als Flecken bezeichnet man eine Ansiedlung von zentra-

ler Bedeutung mit eingeschränktem Stadtrecht, wie z. B. Marktrechten. Neustadtgödens wurde 1544 als Flecken gegründet, verfügte über ein neues Siel und Meerzugang und hatte im 16. Jahrhundert eine zentrale Handelsbedeutung.

Einzigartig an diesem Flecken ist die religiöse Vielfalt, die sich durch die gesamte Geschichte des Ortes zieht und bis heute präsent ist. Die Historie ist beispielsweise eng mit den entflohenen Münsteraner Täufern verstrickt, denn Neustadtgödens ist der einzige Ort, der von ihnen gegründet wurde. Aber auch die nachfolgende religiöse Weiterentwicklung hat es in sich, weshalb es sich lohnt, an einer oder mehreren der kostümierten Führungen teilzunehmen, die die Gemeinde anbietet, und so die verschiedenen Epochen zu erfahren. In Neustadtgödens wird Geschichte in vielfältiger Form lebendig. Heute vom Meer abgeschnitten, kann der Ort dennoch als Handelsflecken mit Sielhafen erlebt werden.

Im Museum im Landrichterhaus findet sich eine ausgiebige Ausstellung zur Ortsentstehung und Entwicklung, parallel dazu werden in jeder Saison Themen- und Sonderausstellungen gezeigt.

3 Oberahmer Mühle und Wasserschöpfmühle

In Neustadtgödens prägen nicht nur die holländische Bauweise und die vielen Kirchen das Ortsbild, sondern auch die beiden Mühlen. Die Oberahmer Kornmühle ist ein Galerieholländer mit Windrose sowie Segelflügeln und voll funktionsfähig. Sehr schön ist der dahinterliegende Kräutergarten anzusehen.

Im Wedelfeld, nur unweit entfernt, befindet sich

die Wasserschöpfmühle, ein Erdholländer aus dem Jahr 1844. Sie wird ebenfalls noch zu Schauzwecken betrieben.

Ein Besuch an der Wedelfeldmühle lohnt allein wegen der wunderschönen Natur, denn sie liegt direkt am Naturschutzgebiet, wo sich zahlreiche heimische Vogelarten tummeln.

Beide Mühlen können nach Absprache unter kundiger Führung besichtigt werden.

4 Jüdischer Friedhof/Synagoge

Neustadtgödens hatte aufgrund der großen religiösen Toleranz über viele Jahrhunderte eine dichte jüdische Besiedlung. Jüdische Bürger lebten in dem Ort voll integriert und durften ihren Glauben unbehelligt ausüben. In der Kirchstraße befindet sich eine nicht zerstörte Synagoge, heute im Privatbesitz und leider nicht von innen zu besichtigen. Auf dem Weg von Neustadtgödens zum Schloss Gödens liegt linker Hand der alte jüdische Friedhof.

5 Schloss Gödens mit Landpartie und Weihnachtsmarkt

Überregional bekannt ist die Landpartie auf Schloss Gödens. Sowohl die Sommerlandpartie als auch *Weihnachten auf Schloss Gödens* ziehen jährlich Tausende von Besuchern aus ganz Deutschland an.

Schloss Gödens ist ein Wasserschloss. Der alte Bau brannte 1669 ab, Haro von Frydag ließ es in der heutigen Form 1671 wieder aufbauen. Der Schlosspark ist frei zugänglich, der Schlosshof und Teile des Anwesens sind während der Landpartien für Gäste geöffnet.

6 **Dykhausen**

In der reformierten Kirche von Dykhausen befindet sich der große und sehenswerte Grabstein des ehemaligen Kanzlers der Münsteraner Täufer Hinrich Krechting. Er fand in der Herrlichkeit Gödens damals Asyl und war maßgeblich am Aufbau von Neustadtgödens beteiligt. Die Kirche liegt auf einer Warft. Dabei handelt es sich um eine künstliche Erhöhung, auf der einzelne Gehöfte, Kirchen oder ganze Dörfer zum Schutz vor Sturmfluten gebaut wurden, bevor es den Deichbau gab.

Spaßig ist an der Dykhauser Kirche das Schild auf dem Friedhof, das dort im Winter ausdrücklich das Rodeln verbietet. Vermutlich hat die Erhöhung doch einige Kinder dazu eingeladen.

7 **Radwandern am Kanal**

In der Gemeinde Sande steht das Radfahren hoch im Kurs. Es werden geführte Radwandertouren angeboten, zum Beispiel durch alle fünf Ortsteile mit den entsprechenden Schönheiten. Oder man macht sich auf eigene Faust auf den Weg. Radwanderkarten sind im Rathaus erhältlich. Sehr ansprechend ist die Tour von Dykhausen am Ems-Jade-Kanal entlang und von dort zum Jadebusen. Sie führt unterhalb des Deichfußes über Cäciliengroden bis Neustadtgödens an vielen Sehenswürdigkeiten, auch dem Flugplatz Mariensiel, vorbei.

8 **Sander See**

Durch den Autobahnbau ist der Sander See entstanden. Ein Naherholungsgebiet, das kostenfrei genutzt werden kann. Das ganze Jahr über finden sich viele

Jogger und Walker ein, die den See umrunden. Es gibt ein Volleyballfeld und einen Badestrand mit Kiosk und Spielplatz. Streift man den Sander See lediglich während einer Radtour, bieten sich Schutzhütten für ein Picknick an. Er eignet sich ebenfalls für einen Badeausflug im Sommer. Das flach abfallende Gewässer mit Sandstrand macht den Sander See auch für Familien mit kleinen Kindern attraktiv.

9 Paddel und Pedalstation

Sande liegt am Ems-Jade-Kanal und beherbergt eine der vielen Paddel- und Pedalstationen Frieslands und Ostfrieslands. Man kann dort Kanus ausleihen, zu einer der nächsten Stationen paddeln, mit dem Rad weiter- oder zurückfahren und auch in den Hütten übernachten. Die Paddel- und Pedalstation ist eine tolle Ergänzung im touristischen Angebot der Gemeinde Sande.

Weitere Einrichtungen in Friesland- und Ostfriesland sind den ausliegenden Flyern vor Ort zu entnehmen oder können in den Touristeninformationen angefordert werden.

10 Mariensiel mit Skulpturenpfad

Mariensiel ist ein Sielort, der nach der Allerheiligenflut 1570 angelegt wurde. Die alte Sielanlage steht als Baudenkmal unter Denkmalschutz. Dem Ort angegliedert und direkt am Deich liegt der kleine Flughafen *Jade-Weser-Airport*, von wo aus auch Rundflüge möglich sind. Von Mariensiel bis Dangast erstreckt sich der Skulpturenpfad. Im Rahmen der EXPO 2000 haben sich sieben Künstler ans Werk gemacht und die

Schöpfungsgeschichte mit unterschiedlichen Steinskulpturen dargestellt. Daraus ist lebendige Kunst am Deich entstanden, die man bei einer wunderschönen Radtour abfahren kann.

11 Salzwiesenpfad Cäciliengroden
Die Salzwiesen sind eine Naturlandschaft, die sich von Holland bis Dänemark an der Nordseeküste erstreckt. In vielen Orten bietet sich die Möglichkeit, auf Lehrpfaden durch die Salzwiesen zu gehen und so die Natur zu erkunden. Es ist hingegen verboten, die Wege zu verlassen, da es sich um ein Naturschutzgebiet handelt, ein Rückzugsort für brütende Vögel und ein Biotop mit einzigartiger Pflanzenwelt. Die der Küste vorgelagerten Salzwiesen gehören zum Weltnaturerbe Wattenmeer.

Der Salzwiesenpfad in Cäciliengroden ist barrierefrei und für Rollstuhlfahrer geeignet. Es gibt auch geführte Wanderungen.

12 Marienstübchen mit Küsteum in Altmarienhausen
Ganz in der Nähe der Paddel- und Pedalstation befindet sich das Marienstübchen mit dem Küsteum. Der Turm gilt als Wahrzeichen von Sande. Er ist das Einzige, was von dem kleinen Lustschloss, das Maria von Jever an der Stelle errichten ließ, übrig geblieben ist. Es geht die Legende, dass es vom Schloss Jever aus einen Gang bis Altmarienhausen gegeben haben soll, durch den Fräulein Maria bis zu ihrem Schloss gehuscht ist.

Auf dem Hof tummeln sich Hühner und anderes Federvieh, man kann im historischen und urig gemütlichen Marienstübchen selbst gebackenen Kuchen genießen. So gestärkt ist es zu empfehlen, in die Scheune gegenüber zu spazieren und sich das Küsteum anzusehen. Hier erfährt der Besucher alles über das Leben an der Küste, den Küstenschutz. Des Weiteren beherbergt das Museum eine Haus- und Landwirtschaftsausstellung sowie eine voll funktionsfähige Schmiede.

2. WILHELMSHAVEN

Wilhelmshaven ist eine Seehafenstadt am Jadebusen. Die Stadt wurde 1861 von Kaiser Wilhelm I. gegründet und ist heute der größte Marinestützpunkt Deutschlands. Ihm verdankt die Stadt den Beinamen *Marinestadt*.

Der 2012 in Betrieb genommene Jade-Weser-Port ist der einzige Tiefwasserhafen in Deutschland und von daher ein Umschlagplatz für Containerriesen.

Die idyllische Lage Wilhelmshavens am Jadebusen zieht jährlich viele Touristen in die Stadt. Sie flanieren durch die zahlreichen Museen, entlang der Südstrandpromenade und über die legendäre Kaiser-Wilhelm-Brücke, die als Wahrzeichen Wilhelmshavens gilt. Auch das kulturelle Leben kommt mit dem Stadttheater, der Kunsthalle, dem Pumpwerk, dem Küstenmuseum und der Stadthalle nicht zu kurz. Das Besucherzentrum *Unesco - Weltnaturerbe Wattenmeer* ist das größte und ausführlichste seiner Art in der Region und ist ebenso empfehlenswert wie das Deutsche Marinemuseum und das Seewasseraquarium mit der angegliederten Spielscheune Bullermeck.

Gewaltige Grünflächen durchziehen die Stadt mit dem Kurpark und Stadtpark. Hier bieten sich viele Möglichkeiten zur Entspannung und sportlichen Betätigung. Wilhelmshaven heißt nicht umsonst *Die grüne Stadt am Meer*. Ergänzt wird die vielfältige Ausrichtung durch ein bunt gefächertes Programm an Führungen, das man sich nicht entgehen lassen sollte.

Als Ausgangsort für die Hochseefahrt nach Helgoland

sowie Hafenrundfahrten kann Wilhelmshaven ebenso punkten.

Kulinarische Höhepunkte sind sowohl mit dem am Binnenhafen gelegenen Columbia Hotel als auch in vielen anderen hochwertigen regionalen und internationalen Spezialitätenrestaurants zu erwarten.

Einen Ausflug oder gar einen mehrtägigen Besuch ist die Jadestadt in jedem Fall wert.

Anreise
Mit dem Zug: mit der Nordwestbahn von Oldenburg bis Wilhelmshaven
Mit dem PKW: A29 bis Wilhelmshaven Süd/Mitte oder Nord

Kontakt:
Wilhelmshaven Touristik
Bahnhofstraße 10
26382 Wilhelmshaven
Tel: 04422/ 91300-0
www.wilhelmshaven-touristik.de

TOD AM SÜDSTRAND

Der Arm hing aus dem Strandkorb heraus. Auf den flüchtigen Beobachter wirkte es, als schlafe der Mann. Eine Silbermöwe tappte zu seinen Füßen, hin und wieder zupfte sie an seinem Hosenbein, als wolle sie sich schlussendlich von der nicht zu leugnenden Tatsache überzeugen, dass dieser Mensch die weit aufgerissenen Augen nicht mehr von allein schließen würde. Sie flog kurz auf, ließ sich erneut zu seinen Füßen nieder. Ein weiteres Augenpaar beobachtete die Szene, gespannt, wann jemand das Ableben des Mannes bemerkte.

Der Abend hatte den Sommertag verdrängt, die letzten Strandgäste machten sich auf den Weg nach Hause. Die Südstrandpromenade **13** füllte sich mit Gästen, die sich den romantischen Tagesausklang am Jadebusen nicht entgehen lassen wollten. Die Sonne ging an der Landseite unter, versank also nicht wie bei Capri im Meer, was der sommerlichen Atmosphäre aber keinen Abbruch tat.

Viele der Ausflügler hatten den Tag genutzt, um sich die überdimensionalen Bilder des Street-Art-Festivals **14** zu Gemüte zu führen und waren von den Gemälden noch immer tief beeindruckt. Gesprächsfetzen waberten über den Strand, während die Augen weiter den Toten fixierten, sich daran weideten, ihn endlich aus diesem Leben verbannt zu haben. Die Inszenierung war von diesem Festival inspiriert. Einer der Maler hatte sich dieses Motivs bedient. Ein Strandkorb am Wiesenstrand, im Hintergrund das Seewasseraquarium **15** und der Helgolandkai, von wo man nicht nur zur Hochseeinsel fahren, sondern auch die

Hafenrundfahrt 16 zum neuen Jade-Weser-Port und Marinearsenal unternehmen konnte. Es war ein schönes mehrdimensionales Bild gewesen.

Eine Gruppe junger Frauen näherte sich dem Toten im Strandkorb aus Richtung des Wattenmeerhauses 17. Es wurde Zeit sich zurückzuziehen. Das Werk war vollbracht. Nach so vielen Jahren war endlich das geschehen, was bereits eher hätte passieren sollen.

Vor zwanzig Jahren

Die Orgel spielte *Allein Gott in der Höh sei Ehr,* den Gästen liefen vor Rührung Tränen über die Wangen, der erste Kajal musste korrigiert werden. Der Pastor erklomm die Kanzel der Heppenser Kirche 18 und sprach eine anrührende Predigt. Nachfolgend war eine Zusammenkunft am Kulturzentrum Pumpwerk 19 geplant. Das Brautpaar hatte sich dort bei einem Festival kennengelernt und wollte sich unbedingt vor der Kaffeetafel unter dem Eingangsdach küssen.

Henry verband keine gute Erinnerung an den Abend, als Birgit Michels Charme endgültig erlegen war. Seine Hoffnungen, seiner großen Liebe je imponieren zu können, waren damals zunichte gemacht worden. Als er sie und Michel dort engumschlungen sah, war klar, dass das schönste Mädchen der Schule soeben ihr Herz auf einen Müllhaufen gekippt hatte. Die Band auf der Bühne war eben dabei, *I will always love you* von Whitney Houston und *I'd do anything for love* von Meat Loaf zu covern. Dagegen und gegen den großen Michel hatten Henrys Rehaugen und Rastalocken keine Chance gehabt.

Michel war das immer bewusst gewesen und er erinnerte Henry ständig mit hämischer Freude an seine Niederlage. Sei es, dass er Birgit den prallen Hintern tätschelte, wenn sie an ihm vorbeiliefen, oder er sich damit brüstete, was er alles mit ihr im Bett angestellt hatte. Birgit wusste nichts davon. Sie war blind gegenüber Michels Fehlern, hing an seinen Lippen und liebte ihn einfach so, wie er war.

Sie waren ein schönes Paar, keine Frage. Aber als sie nun frisch vermählt am Pumpwerk standen, die Sonnenstrahlen ihr langes blondes Haar zum Leuchten brachte, war es für Henry kaum zu ertragen.

Er schützte Übelkeit vor, bestieg den nächsten Bus und fuhr nach Hause. Henry wohnte in einer Villa in der Adalbertstraße, nur unweit von der Kunsthalle [20] entfernt, in der seine Mutter sich engagierte. Das allerdings in einem solchen Ausmaß, dass er stets auf sich allein gestellt war. Vermutlich war genau das der Punkt, warum er noch nicht ausgezogen war. Er wartete ständig und voller Hoffnung darauf, dass seine Mutter endlich zur Mutter wurde. Es hätte für ihn nur einen einzigen Grund gegeben, zu gehen, und der wäre Birgit gewesen. An deren Finger aber steckte nun Michels Ring.

Gaby weinte. Alle glaubten, es wäre vor Rührung. Die Tränen machten es ihr leicht, sich dahinter zu verstecken. Sie zog es vor, dass keiner dahinter kam, was sie über Michel wusste. Und welches Wissen er von ihr hatte. Wie herum sie es betrachtete, es machte keinen Unterschied. Unauffällig glitt die Hand zu ihrem Bauch. Sie konnte dieses Kind nicht bekommen. Ohne Michel war das ausgeschlossen. Sie konnte es nicht allein großziehen. Ohne Geld. Ohne Job. Ohne Kerl. So sehr sie sich dafür verabscheute, sie würde sich nächste Woche einen Termin in der Beratungsstelle machen. Eine schwangere Schauspielerin an der Landesbühne 21, engagiert für *Die Frau vom Meer* von Ibsen und zum ersten Mal auf der Bühne des Stadttheaters, galt als untragbar. Die Rolle hätte umbesetzt werden müssen. Fort der Traum, die Ellida zu spielen, zerplatzt wie eine Seifenblase.

Sie hätte alles aufgegeben. Für Michel. Doch der hatte von ihr nur wissen wollen, wie sie sich nackt anfühlte und wie es mit ihr im Bett war. Wenn er sich nur auch für Gaby als Mensch und Frau interessiert hätte, und dafür, dass sie sein Kind unter dem Herzen trug.

Hatte er allerdings nicht. Hinterher hatte er sie nicht einmal gefragt, wie es ihr ging. Michel war über sie hinweggeglitten wie ein heißer Reifen über den sommerlichen Asphalt. Er hatte seine bleibende Spur hinterlassen, war aber nie zurückgekommen, um sie zu begutachten. Denn Gaby entsprach nicht seinen Vorstellungen für eine längere Beziehung. Dieses Schema füllte einzig Birgit aus, selbst wenn er ihr, Gaby, in der einen Nacht ins Ohr geflüstert hatte, dass seine Verlobte ihr im Bett nicht das Wasser reichen konnte. Das hatte sie ihm gern geglaubt und sich völlig gehen lassen, ihn immer wieder gereizt, sodass beide einen Höhenflug nach dem anderen erlebten. Unvergessene wilde Stunden.

Michel hätte wirklich in Schwierigkeiten geraten können, wenn Birgit nachgefragt hätte, wo er gewesen war. Doch sie hinterfragte ihn nicht. Sie war ein Schaf. Ein blödes, aber durchaus schönes Schaf, das nur eines im Blick hatte. Um jeden Preis an der Seite des großen Michel ihr Leben zu verbringen.

Das Brautpaar bestieg eben das Fahrzeug, es ging weiter zur Kaffeetafel. Das klappernde Geräusch der angebundenen Blechdosen hallte noch nach, auch als das Auto lange verschwunden war.

Gaby sah sich nach Henry um, doch der war unauffindbar. Vermutlich war er nach Hause zu Mutti gefahren und weinte sich dort die Augen aus. Er war ebenso allein wie sie. Genauso angeschissen, obwohl Birgit ihm zumindest keine Liebe vorgegaukelt, sondern immer nur von guter Freundschaft gesprochen hatte. Nur: Welcher verliebte Mensch glaubt solchen Sätzen vorbehaltlos, in der Hoffnung auf Zuneigung? Sie sah Henry allein in seiner düsteren Küche sitzen. Er hatte stets jedes ihrer Worte analysiert und für sich in Anspruch genommen. So wie Verknallte dazu neigen, sich die Welt schön und bunt zu reden, selbst wenn eine dunkle Wolke auf sie zuschießt.

»Henry«, flüsterte sie. Er war die Antwort auf all ihre Zweifel. Der einsame Kerl war die Lösung für ihr gemeinsames Dilemma und ihre finanzielle Not. Sie brauchte Michels Kind nicht zu töten. Das Schicksal musste ihr diesen Gedanken eingeflößt haben.

Er wäre dumm genug, sich verantwortlich zu fühlen und um ihre Hand anzuhalten, wenn er glaubte, Vater zu werden. Egal, ob er sie liebte oder nicht. Gaby sah zum Himmel, der sich fast wolkenlos präsentierte. Es war ein Versuch wert.

Birgit strahlte vor Glück. Michel zeigte sich von seiner Schönwetterseite seiner frisch Angetrauten gegenüber und würdigte Gaby keines Blickes. Die jedoch sah heute gut aus, obwohl ihr Test erst eine Woche zurücklag. Eine Woche, in der ihre persönlichen Tiefs vorherrschend gewesen waren. Der nicht zu stoppende Tränenstrom hatte sie innerlich austrocknen lassen, aber darüber hinaus war es ihr gelungen, die Gedanken und ihre Zukunft so zu strukturieren, dass sie am Ende bei ihrem jetzigen Entschluss angelangt war.

Henry würde überrascht sein. Sie war besser im Bett als Birgit. Der große Michel hatte es gesagt.

Gaby nahm ein Taxi und ließ sich an der Kunsthalle absetzen. Sie erblickte Henrys Mutter rauchend im Eingang. Die Spitze der Zigarette glühte im Wettstreit mit ihrem feuerroten Haar, wie immer es ihr auch gelingen mochte, es so intensiv zu färben. Sie hatte noch länger zu tun, sonst hätte sie zu Hause geraucht. Das kam Gaby ganz gelegen, obwohl ihr Vorhaben nur wenig Zeit beanspruchen würde. Ein paar Minuten reichten. Henry war in der Liebe unerfahren, weil er seit Jahren Birgit anschmachtete und nie eine andere Frau angesehen hatte. Mit dem, was Gaby hatte Michel zuteilwerden lassen, wäre er überfordert.

Gaby zögerte nicht lange, klingelte und tat mit dem überraschten Henry, was sie tun musste. Sechs Wochen später heirateten sie. Auch in der Heppenser Kirche. Das war Gaby wichtig.

Vor zehn Jahren

Henry betrachtete seinen Sohn mit einem liebevollen Blick. Er hatte rotes Haar wie seine Oma, was alle begeisterte, wenn ihnen Jonas begegnete. Deren Pracht aber war gefärbt und es gab nur einen, der in Henrys Umkreis rotes Haar sein Eigen nannte – und dieser Jemand hieß Michel. Er lebte nur unweit entfernt in einem Penthouse mit Blick auf den Jadebusen, arbeitete als Manager in einer großen Softwarefirma.

Abends flanierte er mit Birgit im Arm durch die Weserstraße an Henrys Wohnung vorbei, pfiff das alte Whitney Houston Lied, weil er wusste, dass es ihn kränkte.

Henry wiederum verdrängte die Furcht, Jonas könne den Lenden Michels entsprungen sein, obwohl das Aussehen seines Sohnes die Wahrheit brutal aufzeigte.

Da sich bei seinem Nebenbuhler und Birgit bislang kein Nachwuchs eingestellt hatte, verstieg Henry sich in der Hoffnung, Michel sei vielleicht unfruchtbar und seine Ahnung nur einer diffusen Urangst geschuldet. Immerhin sah nur er die frappierende Ähnlichkeit. Gaby hatte ihn bei einer vagen Andeutung sacht auf die Stirn geküsst und gelacht: »Meinst du wirklich, ich würde mich je mit so einem Arschloch wie Michel einlassen?«

Das hatte ihn eine Weile beruhigt, doch je älter Jonas wurde, je öfter er Birgit und Michel bei ihrem Spaziergang sah, desto mehr schnürte sich seine Brust zusammen und die Angst nahm immer stärker Besitz von ihm. Als sein Sohn eines Abends mit leuchtenden Augen hereinkam und ein Fernlenkauto in der Hand hielt, glücklich herausposaunte, wer es ihm geschenkt hatte, musste Henry den Raum verlassen.

Kurz danach suchte Birgit häufiger den Kontakt zu seiner Frau, die sie mit offenen Armen aufnahm, begierig darauf, was sie über deren Mann zu berichten wusste. So erfuhr Gaby, wenn die beiden sich eine neue Couchgarnitur geleistet hatten, und nervte Henry damit, weil solche Anschaffungen ihr Budget sprengten. Denn weder Gaby noch Henry verdienten so viel, dass sie mehrere Autos oder gar ein so schönes Cabrio fahren konnten. Von einem Penthouse ganz zu schweigen. Dennoch mochte Henry seinen Job in der Bank und Gaby den im Marinemuseum [22], das in Südstrandnähe lag. Ihren Schauspielberuf hatte sie nach Jonas' Geburt dann doch an den Nagel gehängt.

Eines Abends aber klingelte Birgit Sturm. Das Haar hing ihr aufgelöst in der Stirn, Tränen rannen über ihre Wange und verwischten die Wimperntusche. Zum ersten Mal fand Henry sie alt. Er ließ sie wortlos ein, denn jegliche Worte wären in einem heillosen Schluchzen untergegangen.

Gaby kochte Tee, sie hatte für alle Wehwehchen eine Sorte im Schrank und therapierte die Familie ständig damit. Dazu entzündete sie ein Vanilleräucherstäbchen. Sofort durchzog ein betörender Duft das Wohnzimmer. Henry wäre am liebsten geflüchtet, er konnte diesem Gehabe seiner Frau meist nur wenig abgewinnen.

Doch dieses Mal hielt ihn die Neugierde fest. Es interessierte ihn durchaus, was Birgit auf dem Herzen hatte. Seine Birgit, die er mittlerweile nicht mehr wollte, denn in den letzten Jahren hatte er zu Gaby eine innige Vertrautheit entwickelt, die zwar mit der Anbetung Birgits und dem damaligen Herzklopfen nichts mehr zu tun hatte, ihn aber mit einer so großen Wärme erfüllte, dass er seine Frau um nichts in der Welt gegen seine alte große Liebe eintauschen würde. Zumal sie die Mutter seines Sohnes war. Seines Sohnes. Ganz sicher.

Birgit nippte am Tee, war nach etwa einer halben Stunde in der Lage, zu sprechen. »Er will kein Kind«, sagte sie mit einem Seitenblick auf Jonas, der gerade stolz sein *Star Wars*-Raumschiff durch das Zimmer schweben ließ. »Er findet mich zu alt!« Sie schniefte wieder, hatte Schwierigkeiten, das Taschentuch vor lauter Zittern in Richtung Nase zu bekommen.

Gaby griff nach Birgits Hand. »Du bist ja auch recht alt, immerhin schon über 30.«

Birgit riss die Augen auf, sie waren blutunterlaufen. »Ach ja? Aus der Zeit sind wir ja wohl heraus. Man kann heute bis fast 60 noch schwanger werden.«

»Pst, es tut mir leid, Und es ist ja nicht immer nur schön, Kinder zu haben.«

Birgit japste nach Luft wie ein Fisch, der unerwartet an Land geworfen worden war. »Er wollte früher kein Baby, er will jetzt keines und er wird auch später nicht Vater werden wollen.« Sie betrachtete Jonas, der sich gerade einen Schokoriegel in den Mund steckte und sich anschließend in sein Zimmer trollte. Dabei zog er nachdrücklich die Tür mit der Fußspitze hinter sich zu. »Er hat nämlich schon eins«, sagte sie mit gefährlich ruhiger Stimme. Sie warf dem verdutzten Henry eine benutzte Zahnbürste auf den Tisch. »Er hat ein Kind und zahlt nicht. Aber er kann auch nicht damit umgehen, dass sich ein fremder Mann der Vaterschaft brüstet.« Sie warf den Kopf in den Nacken und lachte schrill. »Er hat einer anderen ein Gör gemacht und mich geheiratet. Und ich habe ihm all die Jahre geglaubt, er liebt mich.«

Gaby war nun aufgesprungen und umschlang die zitternde Birgit mit ihren Armen. »Er liebt auch nur dich. Ganz sicher. Er hätte die Frau ja sonst genommen, wenn sie sein Kind trug.«

Birgit schubste Gaby weg. »Ihm war nicht einmal bekannt, dass sie eins bekommt. Sie hat es ja nicht für nötig befunden, ihm diese Tatsache mitzuteilen!«

»Vielleicht wollte sie ihn nicht in eine Beziehung drängen und dabei seine zerstören. Bestimmt wusste sie, dass er heiraten will.«

»Wie edelmütig!«, stieß Birgit aus. »Wie großartig und edelmütig!«

Gaby versuchte erneut, sich zu nähern, scheiterte aber bereits an Birgits abweisenden Blicken. »Lass mich einfach in Ruhe! Diese Frau hat sich ihr Leben perfekt eingerichtet und mir gleichzeitig alles genommen, weil ich bei meinem eigenen Mann keine Chance mehr hatte. Er denkt nur an eines: Wie kommt er an dieses Kind heran?« Sie wandte sich Henry zu, dessen Augen auf ein und dieselbe Stelle starrten. Er knetete die Finger, es kam ihm vor, als sei das im Augenblick die einzige Bewegung, zu der er fähig war.

Er hatte verstanden. Jedes einzelne Wort hatte er als Hinweis begriffen und es war, als erlaube er sich erst jetzt, das zuzulassen, was er seit zehn Jahren spürte. Michel lebte von Beginn an unter ihnen. Michel. Immer wieder Michel. Er hob die Zahnbürste auf und ließ sie in einem Kuvert verschwinden. Bald würde er Gewissheit haben.

Heute

Er hatte sich mit Michel verabredet. Nachdem sich der Befund vor zehn Jahren bestätigt hatte, war er kurz davor gewesen, sowohl Michel als auch Gaby zu erdolchen.

Doch er konnte weder das eine noch das andere tun. Er liebte Gaby, er liebte Jonas und egal, wie alles gekommen war, er würde kein Leben seiner verletzten Eitelkeit wegen zerstören. Seine einzige Bedingung hatte darin bestanden, dass sie Wilhelmshaven den Rücken kehrten. Sie zogen nach Oldenburg, damit sie Michel und Birgit nicht mehr ständig begegnen mussten.

Als Jonas 18 wurde, hatten sie ihm die Wahrheit gesagt, die ihn allerdings herzlich wenig interessierte. »Ihr seid meine Eltern, gleichgültig, wer mich gezeugt hat«, hatte er abgewinkt, sein Studium in München aufgenommen und es abgelehnt, Kontakt zu seinem Vater aufzunehmen.

So war Ruhe eingekehrt. Hin und wieder fuhren Henry und Gaby sogar an den Südstrand und genossen den Blick über den Jadebusen, statteten den Kollegen im Marinemuseum einen Besuch ab oder sahen sich die neueste Ausstellung im Besucherzentrum Wattenmeer an. Auch die Theateraufführungen der Landesbühne zogen sie den Inszenierungen am Oldenburger Staatstheater vor.

Und so begegnete ihnen eines Tages Michel im Kurpark 23 . Er wirkte heruntergekommen, sein Haar war fettig, er trug eine durchlöcherte Cordhose.

Gaby starrte ihn an, hätte ihn beinahe nicht erkannt. Er jedoch wusste sofort, wer vor ihm stand, und plusterte sich auf wie ein Pfau, der bereits sämtliche Federn verloren, es aber noch nicht bemerkt hatte.

»Geht es dir nicht gut?«, fragte Gaby mitfühlend.

»Mir ging es nie besser«, sagte Michel. »Frau weg, Wohnung weg, Job weg.« Er sah Henry an. »Und du, du hast alles, was man sich erträumt. Du hast mir gestohlen, was mein ist. Jonas ist mein Sohn und Gaby gehört zu mir!«

Henry lachte bitter auf. »Du hast mir etwas untergejubelt, um das du dich hättest selbst kümmern sollen.«

Michel hielt inne, verkniff sich aber die nächsten Worte. Er wirkte plötzlich blass, in sich zusammengesunken.

Henry riss sich zusammen und presste hervor: »Pass auf! Wir treffen uns heute Abend am Strand. Um 20 Uhr. Wir trinken ein Bier, machen uns einen Männerabend und dann sehen wir weiter. Ich glaube, es gibt einige Dinge zu klären.«

Michel schlug ein und ging seines Weges.

Gaby und Henry blieben noch eine Weile am Teich stehen und sahen den Enten bei der Futtersuche zu.

Es war ein lauer Sommerabend. Der Jadebusen lag ruhig vor Henry, das Wasser gluckste mit leisen Schlucken gegen den Strand, fast wirkte das Meer wie ein Spiegel. Über der Wasseroberfläche tanzten Mücken. Henry hatte einen Saisonstrandkorb gemietet, den er nun aufschloss. Michel ließ auf sich warten, und so setzte er sich hinein. In ihm tobte ein Gewitter an Gefühlen. Wut und Hass ließen sein Herz schneller schlagen. Je länger er darüber nachgedacht hatte, desto vorherrschender wurden diese Gefühle. Ja, er hasste Michel, weil er Gaby damals geschwängert und sitzen gelassen hatte, um die Frau zu heiraten, die Henry so sehr geliebt hatte. Immer wieder fragte er sich, ob er Kontakt zu Birgit aufnehmen sollte, denn Gaby liebte Michel trotz seiner Verwahrlosung offensichtlich noch immer. Er hatte ihren Blick gesehen, er hatte die Schwingungen beinahe körperlich gespürt. Er war all die Jahre nur der Ersatz für den großen Michel gewesen.

Henry tastete nach seinem Taschenmesser, ließ es aufspringen. Die untergehende Sonne spiegelte sich darin. Sollte er es wirklich darauf ankommen lassen und Michel erneut Macht über sein Leben und das von Gaby zu geben? Sie hatte auf der Rückfahrt nur von ihm gesprochen. Nur von ihm. Und wie ähnlich Jonas ihm war. Und dass Michel vielleicht doch ein guter Vater geworden wäre.

Henry drehte das Messer in seinen Händen. Nein, er wollte Birgit nicht mehr. Er liebte Gaby und konnte sie nicht an Michel abtreten. Sie durfte nicht ihrer Samariter-Tour verfallen und ihn erretten wollen. Henrys Preis war hoch genug gewesen. Wenn sein Nebenbuhler weiter Ansprüche anmeldete, was so gut wie sicher war, würde er diesen Abend nicht überleben. Henry musste ihm nur das Messer zwischen die Rippen jagen, so wie er es sich schon in vielen seiner Träume vorgestellt hatte. Über das Danach machte er sich keine Gedanken. Es sollte nur noch vorbei sein.

Henry hörte Schritte. Michel kam. Sein Tritt hatte sich nicht verändert. Er änderte sich nie, gleichgültig, wie tief unten er gerade war.

Henry drehte die Klinge des Messers so, dass er sie nur noch vorschnellen lassen musste. Viel Zeit blieb ihm zur Umsetzung seines Vorhabens nicht.

Er neigte sich leicht vor, lauschte in die beginnende Nacht. Plötzlich legte sich eine Schlinge um seinen Hals. Sie zog sich fester und fester zu. Vor seinem Auge tauchte Michels wütendes Gesicht auf. »Ich hole mir jetzt, was mir gehört. Jonas wird mein Sohn sein und Gaby meine Frau. Und du, du wirst in der Hölle schmoren.«

Henry sackte in sich zusammen. Es war vorbei. Er hatte gegen den großen Michel verloren. Wie immer.

FREIZEITTIPPS:

13 **Südstrand**
Der Südstrand gehört wohl zu den schönsten Ecken der Jadestadt. Bezeichnend ist die Südstrandpromenade, wo es dem Besucher vergönnt ist, darauf entlangzuschlendern und dabei den Blick über den Jadebusen auszukosten. An der Promenade reihen sich die pittoresken Strandhotels Seenelke, Hotel Delphin, Hotel Lachs und das Strandhotel Seestern mit Cafés, Restaurants und Eisdielen aneinander. Alle Gastronomiebetriebe verfügen über einen einzigartigen Blick über den Jadebusen und die Promenade. Sucht man in den Hotels ein Zimmer mit Meerblick, wird man hier ebenfalls fündig.

Bei Flut lädt der Badestrand zum Schwimmen ein, bei Ebbe ist es möglich, ein Stück ins Watt hineinzulaufen. Strandkörbe bieten den manchmal notwendigen Schutz vor dem Nordseewind. Am Südstrand findet der Erholungssuchende gleichzeitig Seebadkultur und ein wunderbares maritimes Ambiente.

14 **Street Art Festival**
Die Idee, ein solches Festival zu initiieren, kam von Michael Diers, der es geschafft hat, seit 2010 einmal jährlich dieses illustre Kulturspektakel in die Jadestadt zu holen. 2012 gelang mit einem 3D-Bild sogar der Weltrekord. Auf dem Valoisplatz erschufen damals drei Künstler mit Helfern das größte dreidimensionale Straßenbild der Welt. Es hatte ein Ausmaß von 1.570 Quadratmetern, und für die Erstellung wurden 150 Kilogramm Farbe in fünf Tagen

verarbeitet. Dem Betrachter bot sich das Bild eines Abgrundes, auf dessen Boden sich die Arche Noah befand. Eine Bestätigung des Weltrekordes ist durch die Guinness Gesellschaft erfolgt.

Wen es im August nach Wilhelmshaven verschlägt, der sollte dieses außergewöhnliche Event keinesfalls verpassen. Die ganze Innenstadt ist voller Leben, alle paar Meter arbeiten Künstler an ihren Werken. Bei allen Kunstwerken glaubt man, in die Gemälde hineingezogen zu werden. Ein Festival der Sinne!

15 Seewasseraquarium

Ein Ausflug ins Seewasseraquarium ist ebenfalls ein Muss, wenn man eine Hafenstadt besucht. Das Aquarium bietet dem Besucher einen Einblick in die Vielfalt der Meereswelt. Es gliedert sich in mehrere Abteilungen, die thematische Schwerpunkte aufweisen. In der Nordseemeereswelt wird deutlich, wie vielseitig das Leben im Wattenmeer, aber auch in der See selbst ist. Hin und wieder muss man ein wenig vor den Aquarien verharren, denn viele Meeresbewohner sind gut getarnt. In weiteren Becken ziehen Haie und andere große Fische ihre Bahnen. Lebhaft wird es am Seehundbecken, wo man die Tiere auf zwei Ebenen beobachten kann.

Hinzu kommt die Zone subtropische Meere mit bunten *Fischgesellschaften*, ein antarktischer Bereich mit seinen einzigartigen Lebewesen. Auch wunderbare Korallenriffe mit ihren Bewohnern sind im Seewasseraquarium zu sehen.

In der *Regenwaldhalle* begegnet man exotischen Geschöpfen wie Brillenkaimanen, Stabheuschrecken,

Zwergseidenäffchen und Vögeln wie Beos. Begleitend erfährt der Besucher allerlei Wissenswertes zum Ökosystem Regenwald.

Der Rundgang endet bei den arktischen Pinguinen.

16 **Hafenrundfahrt mit Kaiser-Wilhelm-Brücke**
Dem Besucher werden zwei Hafenrundfahrten angeboten, zu empfehlen sind beide.

Die Binnenhafenrundfahrt mit der Barkasse *Große Freiheit* dauert circa eine Stunde. Man erfährt bei der Rundreise viele Geschichten und allerlei Informatives, was es über Wilhelmshaven zu wissen lohnt. Sehenswert sind die Kaiser-Wilhelm-Brücke als Wahrzeichen der Stadt und eine der größten Seeschleusen allemal. Abfahrt von der Kaiser-Wilhelm-Brücke. Information: www.hafenrundfahrt.jadebarkassen.de

Die große Hafenrundfahrt startet am Helgolandkai, dauert circa 75 Minuten. Sie führt vorbei am Arngaster Leuchtturm bis hin zum Marinehafen, zu den Tanker-Löschbrücken und zum Jade-Weser-Port.

Die große Rundfahrt findet von März bis Oktober statt, die Binnenhafenfahrt im Juli und August. Information unter: www.reederei-warrings.de

17 **UNESCO-Weltnaturerbe Wattenmeer Besucherzentrum**
Das Besucherzentrum liegt ganz idyllisch am Südstrand und bietet von der imposanten Dachterrasse aus einen fantastischen Blick über den Jadebusen und das Hinterland. Die Ausstellungen sind inhaltlich gegliedert. Beginnend mit dem Nationalpark Wattenmeer finden auch ständig wechselnde Themen-

ausstellungen statt. Besonders ansprechend ist vor allem für Kinder die Möglichkeit, sich interaktiv am Geschehen zu beteiligen. Sei es, Rätsel zu lösen oder einfach den Kopfhörer aufzusetzen und Geschichten zu lauschen. Bitte viel Zeit einplanen!

Dazu bietet die pädagogische Abteilung jede Menge sich abwechselnde Aktionen. Infos gibt es direkt vor Ort.

Das Besucherzentrum organisiert auch Erlebnisfahrten, bei denen den Teilnehmern der Lebensraum Wattenmeer näher gebracht wird. Es geht zu den Seehundbänken, im Frühjahr kann man mit Glück Schweinswale beobachten. Da die Tierwelt im Wattenmeer äußerst vielfältig ist, gibt es eine Menge zu entdecken und bestaunen.

Das Angebot ist so breit gefächert, am besten informiert man sich selbst auf der Seite : www.wattenmeerhaus.de

18 Heppenser Wurtkirche

Die Heppenser Kirche steht auf einer Wurt und wurde 1495 erstmalig erwähnt. Damals lebten in Heppens überwiegend Fischer und Bauern.

Der Taufstein wird auf Anfang 13. Jahrhunderts datiert. Er besteht aus Sandstein und ist kelchartig geformt. Die sechseckige Kanzel aus dem Jahr 1632 ist ein Werk Claus Münstermanns und trägt einen Schalldeckel mit Reliefs der vier großen Schriftpropheten. Die Orgel mit 18 Registern und 54 Pfeifen stammt von Alfred Führer. Weiter sind ein Kelch und eine Patene aus dem Jahr 1665 als historische Abendmahlgeräte ausgestellt. 1717 diente die Kirche bei der legendären Weihnachtsflut rund 350 Menschen als Zuflucht. Sie konnten sich auf dem *Berg* und im Gotteshaus selbst retten. Das Wasser stand bis zum Altar. Deshalb ist die Kirche auch als Sturmflutkirche bekannt.

19 Kulturzentrum Pumpwerk

Wer glaubt, in der Jadestadt sei nur wenig los, der hat noch nichts vom Pumpwerk gehört. In uriger Atmosphäre, man hat dem alten Entwässerungszentrum seinen Ursprung nicht genommen, treten Rockgruppen, Performance-Künstler, Theatergruppen und andere Kreative auf. Wichtig ist die Soziokultur, mit Veranstaltungen für Kinder, Behinderte und ausländische Bürger. Der Weg zum Pumpwerk lohnt immer. Vor allem im Sommer, wo auch Open-Air-Events locken.

Information: www.pumpwerk.de

20 Kunsthalle und Adalbertstraße

Für Kunstliebhaber ein Geheimtipp, liegt die 1912 erbaute Kunsthalle versteckt in der Adalbertstraße. Diese Straße galt in vergangen Zeiten als historische Prachtstraße; ein Hauch von Glanz ist allein aufgrund der architektonischen Gebäude noch immer zu spüren.

Pro Jahr gibt es in der Kunsthalle fünf bis sechs verschiedene Ausstellungen zu sehen. Die Kunsthalle hat es sich zur Aufgabe gemacht, eine große Bandbreite zu präsentieren. Für jeden Kunstliebhaber ein Muss.

Information: www.kunsthalle-wilhelmshaven.de

21 Stadttheater/Landesbühne

Schon das Gebäude des Stadttheaters macht einen imposanten Eindruck. Die Landesbühne Wilhelmshaven hat eine starke Ausprägung, gilt als Theater für 12 Kommunen, spielt die Stücke also nicht nur am Ort, sondern reist mit einem vielseitigen Programm über die ostfriesische Halbinsel. Der Hauptstandort ist jedoch das Stadttheater in der Virchowstraße. Daneben gibt es noch das Junge Theater in der Rheinstraße als Spielort mit einer kleinen, aber feinen Bühne. Neben den großen Inszenierungen kommen auch junge Menschen im Kinder-und Jugendklub und ältere bei den Silbermöwen mit eigenen, theaterpädagogisch begleiteten Stücken zu Wort. Ein wunderschöner Querschnitt durch die vielseitige Arbeit zeigt sich jährlich im Kulturkarussell mit der abschließenden Spielzeitrevue. Information: www.landesbuehne-nord.de

22 Deutsches Marinemuseum

Eine Marinestadt hat natürlich auch ein Marinemuseum. Es befindet sich hinter der Südstrandpromenade. Im Museum und im Freilichtbereich wird es dem Besucher möglich gemacht, eine spannende Reise durch die Geschichte der deutschen Marine zu unternehmen.

Die Schiffe im Außenbereich sind begehbar, man kann in den Rumpf eines U-Bootes abtauchen oder aber den Lenkwaffenzerstörer Mölder besichtigen. Beeindruckend ist es, auf diese Weise den Alltag eines Marinesoldaten auf hoher See erahnen zu können. Nach dem Besuch lockt das hauseigene Café.

Information: www.marinemuseum.de

23 Kurpark

Der Kurpark wirkt wie die grüne Lunge der Stadt. Er grenzt fast an die City und ist von dort hervorragend zu Fuß zu erreichen. Kleine Teiche laden zum Verweilen ein, Enten und Schwäne ziehen ihre Kreise. Hin und wieder tauchen sogar zahme Eichhörnchen hinter den Parkbänken auf und betteln um Futter. Natürlich finden im Kurpark auch wunderbare Kurzkonzerte statt, die man sich nicht entgehen lassen sollte.

3. JEVER

Jever ist die Kreisstadt Frieslands und auch als Marien- oder Bierstadt bekannt. 1536 wurden der Stadt unter der Herrschaft Fräulein Marias die Stadtrechte verliehen. Um die Herrscherin ranken sich viele Geschichten und Legenden. Ihr zu Ehren wurde ein Denkmal errichtet. Allabendlich erklingt um 22 Uhr (im Winter um 21 Uhr) das Marienläuten. Damit hat es eine besondere Bewandtnis: Fräulein Maria hat immer behauptet, sie kehre eines Tages zurück und hat das Läuten bis zu diesem Zeitpunkt angeordnet. Da sie bislang nicht aufgetaucht ist, erklingen die Glocken Abend für Abend für Abend …

Mittelpunkt der Stadt ist das Jeversche Schloss, das Wahrzeichen der Stadt. Es ist von der Schlossgraft umgeben. Die Altstadt selbst wird durch die alten Wallanlagen mit der Pferdegraft, der Duhmsgraft, der Prinzengraft und der Blankgraft begrenzt.

Als Bierstadt lockt, neben zahlreichen Sehenswürdigkeiten und Aktivitäten, auch die Brauerei Jever. Ein Besuch in der historischen Altstadt lohnt sich allemal und eine Teilnahme an den unterschiedlichen Führungen ist zu empfehlen: Sie haben die Wahl zwischen Nachtwächterführungen, Krimiführungen mit einem Hexenprozess, Kräuterführungen, Kneipenführungen …

Daneben findet man in der gemütlichen friesischen Stadt viele Gaststätten, die eine Einkehr wert sind. Bekannt ist das alljährliche Jeversche Altstadtfest im August, aber auch der Brüllmarkt und der Kiewittmarkt haben sich einen Namen gemacht. Auf nach Jever – Jever lockt!

Anreise:

Mit dem Zug: Von Oldenburg mit der Nordwestbahn bis Sande, von dort umsteigen nach Jever.

Mit dem PKW: A29 bis Abfahrt Schortens und weiter über die B201 bis Jever.

Kontakt:
Jever Marketing und Tourismus GmbH
Alter Markt
Tel: 04462/71010
E-Mail: tourist-info@stadt-jever.de

DA HILFT NUR SPUK

Es war zu laut, als Fräulein Maria erwachte. Sie hatte wie immer geschlafen und schlug die Augen gewöhnlich erst zum Marienläuten am Abend auf, wenn die Glocke der Stadtkirche **24** ihr zu Ehren über Jever schallte. Dann erhob sie sich und schwebte durch das Schloss **25** oder das Schlossmuseum **26**; bei gutem Wetter genoss sie durchaus mal einen Spaziergang im angrenzenden Park **27**. Dabei hatte sie schon so manches Liebespaar erschreckt, dass selbstverständlich später so tat, als habe es die Erscheinung des Fräuleins nicht gehabt. Ein solches Eingeständnis wäre zu peinlich gewesen.

Heute jedoch war etwas anders. Es war viel zu hell und im Schloss war mächtig was los, das hörte sie sogar bis hier oben. Im Halbschlaf hatte sie noch das Glockenspiel **28** am Hof von Oldenburg wahrgenommen, war dann aber erneut eingenickt und fühlte sich mittlerweile hellwach.

Maria setzte sich auf, richtete ihre weiße Haube, strich über die zerknitterte Halskrause. Sie war leicht verärgert, dass sie zu solch ungewöhnlicher Stunde geweckt worden war, denn eigentlich war ihr Plan gewesen, heute mal wieder durch den Geheimgang nach Altmarienhausen zu schweben. Dort hatte sie sogar eine Weile gewohnt, doch ihr jetziges Quartier war erheblich komfortabler. Ab und zu brauchte sie Abwechslung aus diesem eintönigen Geisterleben. Die Menschen hatten ja gar keine Ahnung, wie schwer es war, wenn das Dasein nie aufhörte. Aber sie wollte nicht klagen, als Frau von Stand musste sie ihren

Verpflichtungen nachkommen. Das war ihr in die Wiege gelegt worden und alles Wehklagen half nichts.

Maria nieste, weil ein Spinnweb die Nase kitzelte. Sie wischte es mit einer verärgerten Handbewegung fort und sah aus dem Fenster. Ihr Zuhause war der Schlossturm. Den hatte es zwar zu ihrer Zeit noch nicht gegeben, aber warum sollte sie auf ein solch standesgemäßes Schlafgemach verzichten?

Von hier aus hatte sie einen wunderbaren Blick über das Jeverland, das sie als ihr Eigentum betrachtete, und natürlich war ihr die Aussicht auf die schöne alte Stadt vergönnt. Diese imposanten Glastürme, die die Brauerei 29 beherbergten, bescherten ihrem Jever seit vielen Jahren eine andere Silhouette, als sie es kannte, aber sie wollte sich den neuen Wegen nicht entgegenstellen. Sie war von jeher eine eher fortschrittliche Herrscherin gewesen. Also übersah sie das moderne Gebilde geflissentlich. Auch als Geist war man in der Lage, zeitgemäß zu denken, das diskutierten die Geistwesen bei ihren konspirativen Treffen immer wieder. In Bälde stand das nächste an. Dieses Mal musste sie nach Schloss Wildenstein, das lag in Heilbronn. Es würde eine schrecklich ermüdende Reise werden. In ihrem Alter steckte man das nicht mehr so rasch weg. Auf Schloss Wildenstein gab es Legenden, die den Besuchern stets auflauerten und sie zu Tode erschreckten.

Fräulein Maria lehnte jedwede Art von Spuk ab, aber man musste das ausfüllen, was die Geschichte hergab. Es war nicht immer leicht. Umso wichtiger war es, sich einmal im Jahr zu treffen und sich gegenseitig zu stärken.

Beim letzten Mal hatten sie den Geistertrommler in Tayside in Schottland aufgesucht. Schottland gefiel Fräulein Maria. Sollte sie ihre Legendenpflicht in Jever je vollendet haben, würde sie dorthin ziehen, zumal sie den Trommler sehr schätzte. Vielleicht bestand die Möglichkeit, mehr draus werden zu lassen, wenn die Umstände es zuließen. Doch dieser Trommelspieler verkündete den Tod und leider war er zu arg mit seiner Vergangenheit und der alten Liebe zu Lady Airley beschäftigt. Diese Zuneigung hatte ihn zu dem gemacht, was er war. Vermutlich würde er Fräulein Maria nicht erhören, so wie sich alle Männer in ihrem Leben dann doch anderen Damen zugewandt hatten. Bis auf einen, aber das war eine zu schmerzhafte Geschichte. Es war wohl ihr Schicksal, allein zu bleiben.

Für das Jahr 2015 war das Treffen in Jever geplant, sie hatte noch viel dafür vorzubereiten. Denn sie speisten und tranken nicht nur fürstlich, es galt auch, den Besuchern die Schönheiten des jeweiligen Ortes oder der Region näherzubringen.

Auf jeden Fall würde sie ihren Gästen den Sagenbrunnen **30** am alten Markt zeigen. Welche Stadt konnte schon mit einer solchen Einzigartigkeit punkten? Maria liebte den Brunnen, er hatte etwas Mystisches und erzählte die Geschichte so, wie es dem Fräulein gefiel. Den Kosakenbrunnen **31** hingegen schätzte sie nicht. Was sollte das mit den Russen in Jever, selbst wenn es einst die große Zarin gewesen war, die die Geschicke gelenkt hatte? Aber die Franzosen hatten der Stadt auch nicht gut getan. Gutes hatte einzig ihre Herrschaft hinterlassen. Daran gab es nichts zu rütteln. Und deshalb war schließlich sie die noch amtierende Legende.

Ja, sie musste etwas für ihre Gäste tun. Was war es doch immer wieder für ein Spaß, ein paar der Geisterjäger beschäftigen zu können. Die Menschen begriffen einfach nicht, dass die lebenden Legenden nicht nachweisbar waren. Maria wartete nur auf den Tag, an dem Ghostbuster das Jeversche Schloss stürmen würden, um ihre Gegenwart wissenschaftlich zu bestätigen.

Obwohl das eine Farce sein würde, denn die Jeveraner ahnten, dass es sie noch gab. Einige Unbelehrbare aber verlangten den Beweis; kürzlich hatte sogar jemand in Erwägung gezogen, das Grab Edo Wiemkens zu öffnen und nachzusehen, ob ihr Leichnam neben dem seinen lag. Wie überaus schändlich!

Sie wollte weiß Gott nicht nachgewiesen werden! Die Jeveraner sollten einfach froh sein, dass sie eine echte Legende ihr Eigen nennen durften. Sie selbst gefiel sich seit über 450 Jahren in dieser Rolle.

Noch während sie aus dem Fenster schaute, versuchte Fräulein Maria ihre Gedanken zu ordnen. Sie runzelte die Stirn, war sie doch schon wieder abgeschweift. Das passierte immer häufiger, sie hatte oft Schwierigkeiten, sich zu konzentrieren.

Warum zum Teufel aber war sie nun Stunden vor ihrem eigentlichen Erwachen gestört worden, und zwar so sehr, dass es sie nicht länger hinter der Wandkassette hielt? Ein Schrei, schoss es Fräulein Maria durch den Kopf. Sie hatte einen markerschütternden Schrei gehört, und das hatte sie aus dem Schlaf gerissen.

Ein Menschenleben galt zu ihrer Zeit nicht viel, schon gar nicht, wenn man der falschen Schicht angehörte, doch die Umstände in Jever hatten sich geändert. Es war nicht mehr so leicht, einen Menschen ins Jenseits zu befördern.

Maria richtete ihr Gewand, strich noch einmal korrigierend über den Rock und schwebte anschließend den engen Gang hinunter.

Im Audienzsaal stach ihr sofort ins Auge, was sie

befürchtet hatte. Vor dem Flügel lag eine entsetzlich zugerichtete Leiche. In ihrer Brust steckte ein Messer, das man ihr tief in die Brust gestoßen hatte. Ansonsten war der Saal menschenleer. Der Tote trug ein Wams und Beinlinge, war gekleidet wie ein früherer Zeitgenosse. Maria begab sich ein Stockwerk abwärts, dort war alles wie gehabt. Die Kasse des Schlossmuseums war unbesetzt. Ein Fenster war nicht richtig verschlossen und wehte die Flyer vom Bismarck Museum **32** und der Blaudruckerei im Kattrepel **33** herunter.

Bis zum *Haus der Getreuen* hatte sie sich einmal vorgewagt, weil sie die Brauerei von Nahem betrachten wollte. Das stand ihr als Herrscherin zu. Aber das Gemäuer war ihr zu groß erschienen und so war sie schließlich weiter zum Marienbräu **34** geflogen; immerhin hatte man dort den Gerstensaft nach ihr benannt. Bevor sie hatte davon kosten können, war dem Wirt aufgefallen, dass etwas nicht stimmte, und so war ihr nur die Flucht durch den Innenhof der Gaststätte geblieben. Und das, wo sie doch so gern gut gebrautes Bier trank. Aber das tat nun nichts zur Sache. Vor ihr lag ein wesentlich größeres Problem und sie wusste nicht damit umzugehen.

In ihrem Audienzsaal, den sie so wunderbar hatte ausbauen lassen, lag nun ein Toter und es schien, als sei er aus ihrer Zeit entsprungen. Das ganze Aussehen, die Kleidung … Maria fuhr sich über die Haube.

Gab es etwa noch wen, den sie in all den Jahren nur nicht entdeckt hatte? Geisterte im Schloss eine zweite Legende herum? Sie hätte sich das Gesicht genauer ansehen müssen, vielleicht handelte es sich um einen ihrer Widersacher, der sich ebenfalls die Jahrhunderte über gehalten hatte und nun unter unerklärlichen Umständen sein Leben lassen musste. Es half nichts: Bevor ihn jemand fand, sollte sie ihn entfernen. Ein solches Ereignis würde die unerwünschten Geisterjäger noch schneller auf ihr Schloss beordern. Dieser Lärm, die vielen Menschen, die das mit sich brachte. Und das, wo sie doch das Legendentreffen vorzubereiten hatte!

»Konzentriere dich, Maria. Ganz ruhig nachdenken!«, maßregelte sie sich. Kürzlich hatte sie ein Bild gesehen, auf dem Leute abgebildet waren, die ebenfalls die Kleidung ihrer Zeit trugen. Sie sollten sich in einem Lokschuppen 35, oder wie immer das hieß, befinden. Dort hatte sich Fräulein Maria aber nicht hingewagt. Der Lokschuppen befand sich außerhalb der Wallanlagen, und ohne Wachen machte man solche Wege nicht. Es sei denn, ein Geistertreffen lag an. Dafür galten nämlich weitergehende Gesetze, was von den Irdischen auch keinem bekannt war. Eigentlich wussten die gar nichts.

Der Tote im Saal aber war ein Problem. Ein großes Problem. Riesengroß! Es gab nur wenige Methoden, eine Legende sterben zu lassen, und wer das vermochte, hatte Ahnung! Die zweite Möglichkeit bestand darin, dass es einen weiteren Geist gab, der immense Macht hatte und andere seiner Art aus dem Weg räumen konnte. Dann schwebte sie selbst in Gefahr.

Fräulein Maria schnappte nach Luft, lehnte sich gegen die kalte weiße Wand. Sie überkam eine leichte Gänsehaut bei der Vorstellung, einer der verhassten Ostfriesen hätte den Tod ebenfalls überlebt und würde ihr nun erneut den Krieg erklären. Sie hatte mit Boing von Oldersums Tod bei der Belagerung von Wittmund doch wahrlich den höchsten Preis bezahlt. Nie hatte sie die Erfüllung ihrer Liebe gefunden.

Es half nichts, sie musste einen weiteren Blick auf den Toten werfen, sehen, ob sie an der Kleidung erkennen konnte, ob er aus dem Jeverland oder dem verhassten Ostfriesland kam.

Es roch muffig im Saal, aber glücklicherweise hatte sich der metallische Geruch des Blutes noch nicht ausgebreitet. Denn wenn Fräulein Maria etwas hasste, war es die Ausdünstung des Todes, die den Wunden seiner Opfer entströmte.

Was sie stutzig hatte werden lassen, war das Aussehen der Leiche. Sie wirkte nicht wie ein Geist, nicht wie jemand, der die letzten 450 Jahre oder länger in alten Kisten und Kassettendecken verbracht hatte. An ihr selbst klebten ständig Spinnweben, ihre Kleidung war wegen der schlechten Wohnbedingungen stets leicht staubig und es war ein Graus, den großen Kragen weiß zu halten. Die Irdischen machten sich gar kein Bild davon, was man so zu ertragen hatte, wenn man das ewige Erdenleben erworben hatte. Im Paradies war das Dasein wahrlich müheloser und es gab durchaus Nächte, wo Maria gern getauscht hätte. Immer wieder aber rief sie sich ihre adelsgeschlechtlich schwerwiegenden Verpflichtungen in Erinnerung. Sie war eine der wenigen wahren Legenden dieser Welt.

Beim Kongress auf Schloss Wildenstein war klar geworden, dass es an der Zeit war, eine Arbeitsgruppe zu bilden, die ihre Interessen vertrat.

»Heute nennt man das Gewerkschaft«, hatte das Gespenst von Canterville gekeucht und die graue und die weiße Lady sowie der Graf von Bothwell, die in Dänemark auf Schloss Dragsholm ihr Unwesen trieben, hatten zugestimmt. In diesen Ländern waren die Gewerkschaften eben stärker. Fräulein Maria ärgerte das: Sie hätte selbst gern mit einem so außergewöhnlichen Wort geglänzt, aber sie war schlichtweg nicht darauf gekommen.

Sie schweifte schon wieder ab. Es war einfach schwer, sich in ihrem Alter wirklich auf eine Sache zu konzentrieren.

Fräulein Maria ließ sich auf dem Flügel nieder und betrachtete den Toten eingehend. Seine Haut wirkte wächsern, sein Blick starr. Der Teint war ein wenig zu glatt. Solch reine Haut hatte sie noch nie bei einem Menschen gesehen. Dennoch hatte er entfernte Ähnlichkeit mit Tido von Knyphausen, aber eben nur entfernt. Fräulein Maria fuhr hoch, als sie Geräusche aus dem Treppenhaus hörte. Ein grelles Lachen drang zu ihr hinauf. Die Menschen, die sich nun näherten, ahnten nicht, was sie erwartete und sie durften den Toten nicht finden! Maria stieß gegen das Blumengesteck, das polternd auf den Holzboden knallte. Das kostete sie immense Kraft.

»Was war das?«, lachte die Frau. »Nicht, dass unsere Leiche wieder lebendig geworden ist. Das wäre schlecht. Wir müssen sie morgen noch beseitigen, ohne Spuren zu hinterlassen. Nicht, dass der teure Boden Schaden nimmt!«

Maria schrak zusammen. Die Mörderin war mit ihrem Komplizen an den Tatort zurückgekehrt. Diese Stimme war es gewesen, die sie aus dem Schlaf geholt hatte. Aber warum nur hatte die Frau geschrien? Musste sie sich gegen den Toten verteidigen? Dann lag er vielleicht zu Recht dort!

Die Schritte näherten sich. Das Fräulein überlegte fieberhaft, wie sie mit der Situation umgehen sollte. Es war ausgeschlossen, dass sie einen Mörder aus der Jetztzeit stellen konnte. Sie besaß gar keine Kraft dazu. Dazu brauchte man besondere Geisterfähigkeiten, die ihr als Legende versagt waren. Das Herunterwerfen des Gesteckes hatte schon all ihre Energie gekostet, sie sah sich allerdings außerstande, gegen ein Weib zu kämpfen, das erst vor kurzer Zeit einen Mann mit dem Messer erstochen hatte.

Die Tür öffnete sich und eine dickliche Frau schob sich in den Saal. »Ach, sieh nur, Herbert, da sind doch tatsächlich die Blumen vom Flügel geknallt. Der Boden vibriert einfach zu heftig. Ich hoffe, er hält dem Besucheransturm heute stand.«

Fräulein Maria zuckte zusammen. Wovon sprach das Weib? Da vorn lag ein Toter und sie planten, Menschenmassen durch das Schloss zu führen? Die alten Sitten mussten erneut ausgebrochen sein. Zu ihren Zeiten galten öffentliche Hinrichtungen nicht als ungewöhnlich. Mittlerweile waren ihr eine derartige Vorgehensweise unbekannt. Vielleicht tötete man die Verbrecher heutzutage zuerst und zeigte sie als Abschreckung dem Pöbel? Das wäre eine Erklärung. Die Frau war nicht die Mörderin, in solchen Fällen handelte der Scharfrichter. Am heutigen Abend wollte man mit dem Tod des Mannes ein Exempel statuieren und die neuen Sitten einführen.

Maria flüchtete in den Seitenflügel und beobachtete weiter das Geschehen. Der Saal füllte sich, fast jeder begutachtete die Leiche. Über etliche Gesichter glitt ein schäbiges Lächeln. Es hatte sich in all den Jahrhunderten kaum etwas geändert, der Pöbel liebte es nach wie vor, sich am Leid eines anderen Menschen zu ergötzen. So war er und so würde er immer bleiben.

Nach einer Weile war jeder bereitgestellte Stuhl besetzt, selbst im Seitenflügel drängten sich die Leute. Vorne, vor dem Kamin, griffen drei zu den Instrumenten, sie trugen ebenfalls Kleider aus Marias Zeit, doch sie war ganz sicher, ihnen noch nie begegnet zu sein. Ein anderer, neumodisch gekleideter Mensch trat vor. Er begrüßte die Zuschauer. Begeisterter Beifall brandete auf, als der Mann auf den Toten zeigte. Er erklärte haargenau, was es mit dem Messer auf sich hatte. Fräulein Maria war ja einiges aus ihrer Herrscherzeit gewohnt, aber das empfand sie als äußerst befremdlich.

Schließlich übernahm eine in roten Samt gewandete Frau das Wort. Sie las aus einem Buch, gab Passagen wieder, die Maria sehr bekannt vorkamen, vor allem als sie ihren Verlobten Boing von Oldersum erwähnte. Sie erzählte die Geschichte des Toten, der dort am Boden lag. Diese Sitten waren nicht in Ordnung, hätte Maria das Sagen, würde sie so etwas augenblicklich unterbinden. Doch es erschien ihr auch unmöglich, den Seitenflügel zu verlassen. Sie fürchtete tatsächlich, man könne sie erkennen. Legenden durften sich jedoch niemals zeigen, sonst verloren sie ihren Anspruch.

Was nur sollte sie tun? Sie kannte jetzt den Namen des Toten, der ihr glücklicherweise nichts sagte, aber sie wusste noch immer nicht, wer dem armen Mann das angetan hatte. Denn damit hielten sie alle hinter dem Berg. Es handelte sich um einen Mord, das war eindeutig.

Von draußen erklang das Marienläuten. Ihr zu Ehren! Nur ihr zu Ehren, Fräulein Maria war jeden Tag deswegen aufs Neue gerührt. Doch heute überfiel sie zugleich eine bodenlose Wut. Darauf, dass in ihrem schönen Jeverschen Schloss, in ihrem wunderbaren Audienzsaal, der nach wie vor ihr ganzer Stolz war, nun ein toter Mann aus dem 16. Jahrhundert erstochen herumlag, das Publikum sich darüber freute, und diese Musiker und die Frau lediglich spekulierten, wer dem Mann das angetan haben könnte.

Diese Sache gebot Fräulein Maria zu handeln. Sie war hier Schlossherrin, ob es den Leuten gefiel oder nicht. Sie musste für Ordnung sorgen. Bei Mord galt es, den Schuldigen dafür ausfindig zu machen, womöglich saß er dort inmitten des Pöbels und amüsierte sich über das Nichtstun seiner Zeitgenossen.

Maria holte tief Luft, sammelte ihre ganzen Kräfte und dann tat sie das, was Gespenster in solchen Fällen taten. Sie spukte …

Es knackte und ächzte im Gebälk, der Boden begann zu schwanken und die Leute gerieten in Panik. »Der Saal ist für so viele Zuhörer nicht gemacht! Das Parkett hält nicht«, rief jemand.

Das Publikum sprang auf, hastete hinaus. Der Audienzsaal war binnen kürzester Zeit leergefegt. Sicherheitskräfte sperrten ihn ab.

Zurück blieben Fräulein Maria und der Tote. Sie war am Ende ihrer Kraft. Sie hatte nun zum ersten Mal in ihrem Leben gespukt. Dafür würde sie sich vor dem Geistergericht verantworten müssen. Es war ihr nun einmal untersagt, das zu tun. Darüber galt es sich später Gedanken zu machen. Nun musste sie den Toten bewachen und aufpassen, ob er wirklich tot blieb. Nicht, dass er gleich aufstand und Ansprüche ans Schloss meldete. Sie war die alleinige Herrscherin. Daran hatte in den vergangenen Epochen keiner ihrer Nachfolger etwas ändern können.

Sie verharrte ein paar Stunden neben der Leiche, sie bewegte sich nicht und auch die befürchteten weiteren Legenden und Geister, die Ansprüche anmelden könnten, blieben aus. Nachdem sich auch in der folgenden Stunde nichts tat, tastete sie den Toten vorsichtig ab. Er fühlte sich merkwürdig an. Viel zu steif und viel zu hart. Ihr wurde die Sache immer unheimlicher. Was hatten die Leute nur mit dem armen Kerl getan? So eine merkwürdige Leiche war ihr noch nie untergekommen.

Maria zog sich in den Schlossturm zurück. Sie war so müde.

Als sie am folgenden Abend in den Saal schwebte, lag alles vor ihr wie früher. Kein Toter, nicht einmal der Rest seines Blutes war mehr zu entdecken. Die Stühle standen in Reih und Glied, lediglich das Absperrband zeugte noch davon, dass man einen Einsturz befürchtete.

»Komisch«, sagte Fräulein Maria zu sich. »Erst machen sie einen solchen Akt aus seinem Ableben und dann lassen sie ihn sang- und klanglos verschwinden. Die Menschen von heute haben keine guten Manieren.« Sie schwebte durchs Schloss und stutzte, als sie ein weiteres Plakat an der Wand zum Eulenturm vorfand: »Krimi-Lesung wird wiederholt. Mit echter Leiche aus dem 16. Jahrhundert!«

Es war noch nicht vorbei. Es schien gerade erst zu beginnen.

FREIZEITTIPPS:

24 Stadtkirche mit Edo Wiemken Denkmal
Die Stadtkirche Jever dominiert den Kirchplatz. Die alte Barockkirche brannte 1959 bis auf die Grundmauern ab. Das Gemäuer wurde neu errichtet, dabei war man bemüht, die Architektur des neuen Gotteshauses der der alten Stadt anzupassen. Entstanden ist ein freundlicher Kirchenbau mit wunderbarer Akustik.

In der Stadtkirche befindet sich das Edo-Wiemken Denkmal, der letzte Häuptling des Jeverlandes. Es gilt als bedeutendes Beispiel niederländischer Kunst der Renaissance und stammt aus den Jahren 1561–1564.

25 Jeversches Schloss
Das Jeversche Schloss besticht durch seinen großen Zwiebelturm, der – weit über die Stadtgrenzen hinaus sichtbar – Jevers Silhouette prägt. Bevor man das Schloss in der heutigen Form erbaute, befand sich dort eine mittelalterliche Wehrburg, die 1427 zerstört wurde. Ab dem 16. Jahrhundert errichtete man den Bergfried und die vierflügelige Schlossanlage. Die Herrschaften wechselten nach Fräulein Maria. So hatten unter anderem der Graf von Oldenburg das Sagen und selbst die Zarin Katharina die Große regierte das Jeverland. Schlussendlich war die Stadt aber wieder in Oldenburger Hand. Während dieser Zeitspanne veränderte sich das Schloss immer wieder. Sein Wahrzeichen, der Zwiebelturm, erhielt das Schloss unter Fürst Johann August in den Jahren 1731-1736, die Kassettendecke im Audienzsaal entstand unter Fräulein Marias Einfluss.

26 Schlossmuseum

Im Schloss Jever befindet sich das kulturhistorische Museum mit der Schlossbibliothek. Die Dauerausstellung von jeverländischer Wohnkultur, Münzen und Keramik wird durch die Präsentation wechselnder Sammlungen ergänzt. Interessant anzusehen sind die nachgestellten Wohnräume einer friesischen Familie, beeindruckend die Sammlung an Münzen. Der Schlossturm kann in den Sommermonaten bestiegen werden und bietet einen wundervollen Blick über das Jeverland. Das Museum bietet außerdem viele museumspädagogische Angebote, auch für Kinder. Im Audienzsaal finden regelmäßig Konzerte und andere kulturelle Veranstaltungen wie Lesungen statt.

27 Schlossgarten

Der etwa drei Hektar große Schlossgarten umgibt das Schloss Jever und ist einen Besuch wert. Der Park ist in einer Rundform angelegt und von einer Graft umgeben. Spazierwege machen das ausgiebige Flanieren möglich. Alte Baumbestände aus Buchen, Eichen und Linden wechseln sich ab mit riesigen Thuja, Lärchen und Tulpenbäumen. Die Wiesen erblühen stets in großer Farbenpracht, der jeweiligen Jahreszeit angepasst. Die Tierwelt des Schlossparks ist ebenso vielfältig wie die der Pflanzen. Interessant ist die beeindruckende Saatkrähenkolonie. Die vielen Krähen beleben mit ihrem Krächzen den Schlosspark. Auch andere heimische Vögel wie Kleiber, Buntspecht und zahlreiche Singvögel finden hier ihr Zuhause.

Am Rand der Graften tummeln sich Pfauen, Enten und Gänse. Besonders der Pfau mit seinem großen bunten Rad hat es den Menschen angetan. Sein Ruf gellt immer wieder laut über den Schlosshof. Und wer es mag, kann sich in der Dämmerung der Beobachtung von Eulen und Fledermäusen widmen. Hierzu werden auch Führungen angeboten.

28 Glockenspiel

Beim Spaziergang über den Alten Markt wird man am ehemaligen Hof von Oldenburg unweigerlich sechs Mal am Tag vom Glockenspiel angelockt, dessen zarte Töne den Besucher in den Bann ziehen. Das Glockenspiel ist das Geschenk eines Bürgers an die Stadt und wurde 1983 eingeweiht. Es stellt mittels musikalischer Untermalung durch volkstümliche Weisen fünf historische Persönlichkeiten und Herrscher der Stadt Jever dar.

Natürlich fehlt Fräulein Maria nicht, genauso wenig wie Edo Wiemken, der Häuptling von Jever. Weiter geben sich Anton Günther, Graf von Oldenburg und Herr zu Jever, Johann August, Fürst zu Anhalt Zerbst und Herr von Jever sowie Katharina die Große als Kaiserin von Russland und Herrin von Jever die Ehre.

Vormittags erklingt das Glockenspiel um 11 und um 12 Uhr, am Nachmittag kann man es jeweils um 15 Uhr, 16 Uhr, 17 Uhr und 18 Uhr erleben.

29 Brauhaus Jever mit Brauereimuseum

Das Brauhaus zu Jever ist mit seiner Marke *Jever* ein bundesweit bekanntes Bier. So schwebt nicht selten der Hopfenduft über der Stadt. Der Slogan *Friesisch Herb* ist nicht nur Friesen geläufig.

Die Brauerei ist zu besichtigen, an sie angeschlossen ist das Brauereimuseum.

Der Besucher erfährt alles Wissenswerte rund ums Bierbrauen und darüber hinaus, wie die grünen Flaschen auf den Weg gebracht werden. Die Brauerei ist nicht zu verfehlen, denn die großen hellen Gärtürme überragen die Dächer der Stadt. www.jever.de

30 Sagenbrunnen

Der Sagenbrunnen befindet sich am Alten Markt. Jevers Geschichte, die Sagen und Mythen werden dort anhand verschiedener, beweglicher Bronzestatuen gezeigt. So reist eine *Toversche* (Zauberin beziehungsweise Hexe) in einem Waschbottich nach Jever, Horand der Sänger ist zu sehen, natürlich Fräulein Maria, aber auch Graf Anton Günther von Oldenburg oder der Scheeper Hase. Vor allem Kinder lieben diesen Brunnen.

31 Kosakenbrunnen

Am Eingang zur Großen Burgstraße befindet sich der Kosakenbrunnen. Er stellt die Befreiung Jevers von französischer Fremdherrschaft im Jahr 1813 durch russische Streitkräfte mittels drei Kosaken mit Lanzen und Fellmützen dar. Im Anschluss übernahm erneut Russland das Zepter in Jever, das bereits im Jahre 1792 unter Katharina der Großen russisch geworden war, aber zwischenzeitlich in napoleonische Hände gefallen war.

32 Bismarckmuseum und Haus der Getreuen

Jevers enge Verbindung zu Fürst Bismarck ist unumstritten, davon zeugt nicht nur die historische Gaststätte *Haus der Getreuen*. In Jever gab es einige patriotische Männer, die dem Fürsten alljährlich eine besondere Aufmerksamkeit zukommen ließen. So schickten sie ihm am 1. April zu seinem Geburtstag 101 Kiebitzeier.

Die Verehrung im *Haus der Getreuen* wird im eigens eingerichteten Bismarckzimmer deutlich. Im Bismarckmuseum in der Wangerstraße wird die Verbindung Jevers zum Fürsten dokumentiert. Hier kann man eine einzigartige Sammlung Preußisch-Deutscher Geschichte betrachten. Es handelt sich um eine Privatsammlung von etwa 400 Exponaten, die in fünf Räumen ausgestellt werden. Zu sehen sind fast ausschließlich Originale wie Postkarten, Bücher, Fotografien, Kostbarkeiten aus dem persönlichen Besitz des Fürsten, Zeichnungen, Büsten, Bierkrüge und vieles mehr. Außerdem finden ständig Vorträge zur preußisch-deutschen Geschichte statt.

www.bismarckmuseum.bi.funpic.de/bismarck

33 Blaudruckerei

Ganz versteckt, seitlich der Fußgängerzone Neue Straße, befindet sich die Blaudruckerei im Kattrepel in einem wunderschönen historischen Gebäude. Die Blaudruckerei ist ein altes und traditionelles Handwerk und der Besucher kann dort nicht nur kostbare und erlesene Dinge erwerben. Es besteht auch die Möglichkeit mitzuerleben, wie man Gewebe bedruckt und färbt. Denn wenn man Stoff in die blaue Küpe tunkt, erhält man – zunächst – ein verblüffendes Ergebnis. Lassen Sie sich überraschen von der *Hexenkunst* des Blaufärbers.

www.blaudruckerei.de

34 Altstadtbrauerei und Gaststätte Marienbräu

Neben der großen Brauerei gibt es in Jever noch eine weitere, die Altstadtbrauerei Marienbräu. In der Nähe des Kirchplatzes in einem wunderschönen alten Gebäude mit herrlichem Innenhof ist die Gaststätte mit dem gleichen Namen beherbergt. Dem Gast ist es vergönnt, vom Tresen aus zuzusehen, wie nach alter Braukunst und Reinheitsgebot verschiedene Sorten Bier gebraut werden. Nachdem er sich satt gegessen und der Gerstensaft hoffentlich gemundet hat, kann er auch verschiedene, liebevoll verpackte Kostproben als Souvenir mit nach Hause nehmen. Im Sommer lädt die historische Kneipe mit dem außergewöhnlich schönen Innenhof zu einem Bier mit Snack im Freien ein.

www.marienbraeu.com

35 Lokschuppen mit Künstlerforum

Jever birgt neben der Historie auch ein vielseitiges kulturelles Leben und da darf natürlich das Zimmertheater im Lokschuppen nicht fehlen. Das in Jever als *Lokschuppen* titulierte Schauspiel wird vom Künstlerform Jever e. V. betrieben und lockt jährlich viele Besucher zu den Veranstaltungen. Auf einer Kleinkunstbühne, die einem Waggon nachempfunden ist, können die Zuschauer auf Bistrostühlen oder auf Rängen Jazzveranstaltungen, verschiedenen weiteren

Musikvorträgen, Theatervorstellungen und Lesungen lauschen. Das Programm wird abgerundet durch eine Vielzahl an Kursen und Ausstellungen. www.kuenstlerforum-jever.de

4. WANGERLAND MIT HOOKSIEL / HORUMERSIEL-SCHILLIG

Das Wangerland erstreckt sich über den östlichen Teil der ostfriesischen Halbinsel und birgt vielerlei schöne und sehenswerte Dörfer. Touristische Attraktionen sind Hooksiel und Horumersiel-Schillig, aber auch die anderen Orte sind einen Besuch wert. Besonders zu empfehlen sind ausgiebige Radtouren, entlang der Küste und durch die Marsch.

Hooksiel ist ein alter Sielort und mutet mit seinem historischen Museumshafen, in dem noch immer Kutter schlummern, kleinen Geschäften und hervorragender friesischer Gastronomie sehr gemütlich an. Die Hooksieler Krabbentage sind mittlerweile weit über die Region hinaus bekannt und beliebt.

Hooksiel punktet mit einem wunderschönen, weitläufigen Sandstrand, einem neuen Hafen mit einer Schleuse sowie dem Naherholungsgebiet Hooksmeer. Hier besteht die Möglichkeit zum Radfahren, zum Reiten, zum Segeln und zu Bootsausfahrten. Außerdem befindet sich dort eine Wasserskianlage. Wer Wellenbäder mag, wird ebenfalls fündig.

Der Kurort Horumersiel strotzt vor Lebendigkeit. Bunte Fahnen und Wimpel schmücken im Sommer den Ort, ein Geschäft reiht sich an das andere, ein Restaurant löst das nächste ab. Ein wunderschöner Ort, durch den man sich treiben lassen kann. Ein langer Grasstrand ermöglicht Badefreuden, ein Schwimmbad ist nur wenige Gehminuten entfernt. Sucht man einen ruhigen, naturbelassenen Sandstrand mit Dünen, um sich zurückzuziehen, ist es mit dem Rad nicht weit bis Schillig.

Natürlich sind auch Ausflugsfahrten zu den Seehundbänken möglich, genau wie eine Pilgerreise zu den Kirchen des Wangerlandes.

Anreise:
Mit dem Zug: mit der Nordwestbahn von Oldenburg bis Sande, Umstieg nach Jever. Von dort fahren Busse.
Mit dem PKW: Die A 29 bis Abfahrt Hooksiel/Horumersiel, von dort auf die L 810 bis Hooksiel/Horumersiel

Information:
Wangerland Touristik GmbH
Zum Hafen 3
26434 Horumersiel
E-Mail: info@wangerland.de

TOTGEPILGERT

Ich hatte lange überlegt, ob ich zu diesem Treffen überhaupt fahren wollte. Wir hatten uns jahrelang nicht gesehen und unsere gemeinsame Zeit war nicht immer nur rosig gewesen. Aber der Reiz, Rolli und Peter wiederzusehen, überwog dann doch. Und den Drang, einen Blick in meine alte Heimat, das Wangerland, zu werfen, spürte ich deutlich. »Nur vier Tage zusammen auf ehemaligen Spuren!«, hatte Rolli vorgeschlagen und schließlich sagte ich zu. Zunächst jedoch genoss ich allein einen Spaziergang, setzte mich dann an den Hooksieler Hafen **36** und sah dem ruhigen Treiben dort zu. Kleine Kutter schaukelten sacht auf und ab und vermittelten einen Frieden, den ich nicht empfand, denn ich konnte nicht sagen, wie es mir ergehen würde, wenn ich Rolli nach so langer Zeit zum ersten Mal wiedersähe. Noch während ich eine Silbermöwe beobachtete, die fröhlich an einer heruntergefallenen Eistüte pickte, wusste ich um den Fehler, den ich mit der Zusage begangen hatte, doch nun gab es kein Zurück mehr.

Das Treffen sollte am Hooksieler Strand **37** stattfinden. »Letztes Haus, kurz vor der Schleuse **38**! Wie früher.« Rollis SMS. Schon damals hat er die Ansagen gemacht. Und wir spurten. Weil Rolli eben Rolli war.

Die Sommerabende verbringen wir am Ende des Strandes. Eine Flasche Bier in der Hand, eine Tüte Chips auf den Knien. Dazu der Kassettenrecorder mit Hits von Rainbow *und* Deep Purple. *Rolli wackelt mit dem Kopf, mit dem Oberkörper. Es sieht albern aus. Keiner sagt es ihm.*

*Wir wollen ihn nicht beschämen. Jeden, aber nicht Rolli.
Nicht den armen Rolli.*

Rolli hatte sich kaum verändert, war nur ein bisschen dicker geworden. Peter wirkte hager, blass und gehetzt. Es war ein windiger Sommertag im August, doch schon bald drohte das Wetter umzuschlagen. Letzte Badegäste tummelten sich im Schlick, nicht mehr lange und die Flut kam, überspülte alles, bis sie sich wieder zurückzog. Noch aber lag das Watt glitzernd in der Sonne vor uns, nur wenige Pfützen hatten der Ebbe getrotzt und sich hartnäckig gehalten.

Rolli hatte eine Decke dabei. Wir wandten uns nach rechts in Richtung Schleuse, dort war der schönste Teil des Strandes. Das war früher schon so gewesen, und noch heute fand ich es reizvoll. Wenn Revival, dann ganz. Rolli breitete umständlich die Unterlage aus, ließ sich schwer atmend darauf fallen. Der Zahn der Zeit machte vor keinem von uns Halt. Wer wusste schon, welche Gedanken den anderen über mich durch den Kopf gingen.

»Und wie ist der Plan für morgen?«, fragte Peter mit einem Blick auf die Uhr. »Ich kann nicht ewig bleiben. Meine Frau und meine Tochter sind im Kinderspielhaus von Horumersiel [39], und wir wollen danach ins Muschelmuseum [40]. Die Kleine liebt Muscheln.«

»Dachte, wir trinken ein schönes Jever Pils und spazieren noch ein wenig herum, schnacken über die alten guten Zeiten! Bier am Strand, das hat was von früher, oder?« Beifallheischend sah Rolli uns an. Er öffnete seine Tasche und zerrte tatsächlich drei grünlich schimmernde Flaschen hervor.

»Wir brauchen ein Bier am Strand«, sagt Rolli. Keiner von uns hat Geld. Rolli will was besorgen. Ich soll mit. Nicht widersprechen. Ich stehe in Rollis Schuld.

Drei Flaschen Pils, geklaut im Supermarkt. Rolli ist dann beinahe zu feige, es mitgehen zu lassen. Lässt sich fast erwischen, zittert wie Espenlaub. Die Kassenfrau flitzt hinter uns her. Sind gerade noch entkommen. Einkaufen kann ich da nie wieder.

Dieses Mal schien er das Bier rechtmäßig erworben zu haben. Er war erwachsen geworden. Rolli, der Coole. Der mit den grandiosen Ideen, die immer die anderen für ihn umsetzen durften, er aber sich damit brüstete, was er alles angestellt hatte. Ich konnte meist nicht darüber lachen.

Wir ließen uns hintenüber fallen und starrten in den friesisch blauen Himmel, über dem die Möwen ihre Kreise zogen. Es war in der Tat wie früher. Außer, dass Peter ständig auf die Uhr schielte, weil er sicher war, zu spät zum Muschelmuseum zu kommen, obwohl er seiner Tochter versprochen hatte, pünktlich dort zu sein.

Ich fürchtete allerdings, er hatte größere Angst vor seiner Frau. Wir waren jetzt um die 50 und tatsächlich nicht mehr die Jüngsten. Selbst wenn wir mit diesem Treffen dem Ganzen etwas entgegensetzen wollten. Uns beweisen, dass wir noch nichts vom damaligen Esprit verloren hatten.

Nach einer Weile saßen wir alle wieder aufrecht, beobachteten, wie die See das Watt unaufhaltsam zurückeroberte. Es ging so rasch, dass man es kaum ermessen konnte. Man unterschätzte die Gefahr sehr leicht. Dabei brauchte man nur die Regeln zu beachten, sie nicht in den Wind schlagen.

Wir laufen einfach mal los, ohne Plan, ohne Wattführer. Ist doch ein Klacks. Rolli meint, wir schaffen es locker bis zur Minsener Oog 41. Wir glauben ihm, weil Widerworte sinnlos sind.

Das Meer ist plötzlich da, flutet die umliegenden Priele, schneidet den Weg ab. Rolli weint wie ein kleines Kind. Will sich im Schlick fallen lassen, obwohl das erste Wasser seine Füße bereits benetzt. Wir müssen weg hier! Peter und ich mobilisieren unsere letzte Energie. Wir können Rolli nicht der gierigen See überlassen, zerren ihn durchs Nass. Schaffen es, kurz bevor uns die Kraft verlässt. Was hatten wir für einen Spaß, sagt Rolli hinterher. Danke sagt er nicht. Ich bin schuld, dass es ist, wie es ist.

»So, Rolli. Nun mal Butter bei die Fische. Was ist denn jetzt dein Plan für morgen?«, versuchte Peter es erneut. Sein einst hellblondes Haar war schütter geworden, seine Sommersprossen verblasst. Und ständig der rasche Blick auf die Uhr. Stets parallel zu seiner Frage. Peter war in Eile, wie eh und je.

Er klopft mit den Fingern auf die Tischplatte. Immer im Dreivierteltakt. Weil ich nicht schnell genug bin. Weil ich auf Rolli Rücksicht nehme. Einer muss es ja tun. Rolli ist allein, hat keinen auf der Welt. Lebt bei seiner Tante. Die bemerkt Rolli auch nicht, ist froh, wenn sie sich nicht um ihn kümmern muss. Er ist ein armer Kerl, hat Narrenfreiheit. Seine Eltern könnten noch leben. Wenn es mich nicht gäbe.

Rolli stellte die Flasche in den Sand und grinste breit. »Mein Plan ist genial. Wir gehen pilgern!«

»Was?« Ich schluckte. »Pilgern? Warum sollten wir Wallfahrer spielen?«

»Nun«, begann er. »Wir haben früher so viel dummes Zeug gemacht, da ist es nun an der Zeit, in sich zu kehren. Es besser zu machen.« Rollis Stimme war piepsend, leicht kurzatmig. Er blickt mir tief in die Augen. »Es ist nie zu spät für Reue!«

Peter und ich wechselten einen raschen Blick. Eigentlich hatten wir uns auf eine Männersauftour eingestellt. Ich zumindest. Ob Peter das mit seinen Familienpflichten in Einklang bekommen hätte, blieb dahingestellt. Wer konnte auch wissen, dass er seinen Anhang gleich mit anschleppte. Jedenfalls lag eine Pilgertour jenseits unserer beiden Vorstellungen, das war deutlich. Ich hatte längst mit der Vergangenheit abgeschlossen.

»Willst du auf den Jakobsweg?«, fragte ich vorsichtig. Rolli aber schüttelte den Kopf. Er wurde rot, während er ausstieß: »Pilgern ist hier im Wangerland, in unserer Heimat, möglich. Es gibt schließlich die Pilgerroute 42.«

Peter stand bereits, nestelte an seinem Handy und ich fragte mich, wie er früher ohne ausgekommen war. Er wirkte beinahe ängstlich, als er einen Blick aufs Display warf. »Blödsinn!«, wandte er lapidar ein. »So etwas geht hier nicht.«

»Oh doch«, entgegnete Rolli. »Wir nehmen die Räder und fahren von Kirche zu Kirche. Deren eigene Geschichte können wir in der Touristeninformation erfahren. Jeder von uns bereitet täglich eine Kirchenführung vor und erklärt die Gotteshäuser. Nach der Tour sind wir völlig andere, geläuterte Menschen!«

Ich starrte Rolli an. Er meinte es ernst und wollte wirklich mit dem Rad durchs Wangerland fahren und pilgern. Dabei wirkte er nicht sportlich, das war er nie.

»Lasst uns mal den Baum hochklettern!« Rolli zeigt auf eine Buche, die uns einladend die Äste entgegenstreckt. Sie steht auf dem Grundstück des großen Hofes. Wir dürfen dort nicht hin. Ein strengeres Gebot, als sich von dort fernzuhalten, gibt es nicht. »Kleine Mutprobe«, sagt Rolli.

Peter und ich klettern hinauf, rufen Rolli, der blass wird. »Die Hunde kommen«, sagt er, verschwindet und lässt uns zurück. Es sind keine Hunde, es sind Bestien. Rottweiler mit breitem Maul. Sie kratzen am Stamm, bis der Hofbesitzer kommt, die Köter wegbringt und uns ordentlich durchprügelt. Drei Tage lang kann ich nicht sitzen.

»Wo stehen die Kirchen?«, fragte ich vorsichtig nach, aber eher, um etwas zu sagen. Denn das Schweigen war unerträglich. Peter biss sich auf der Unterlippe herum, trat von einem Bein aufs andere, studierte wieder das Display. Moni hatte das Handy wohl ausgeschaltet und war auf Tauchgang.

Rolli bemerkte von all dem ohnehin nichts. Er hatte wie immer seine Pläne gemacht und wir sollten uns fügen. Warum es stets funktionierte, war mir ein Rätsel. Wir ließen uns von ihm gängeln, taten, was er sagte. Schuld macht abhängig. Keiner von uns wollte zum Sozialtreter werden, einer von denen sein, die nach unten treten, weil sie sich damit besser fühlen. Rolli verstand sein Metier von Kindesbeinen an. Wir gaben ihm das, was er von uns verlangte. Er holte tief Luft, hatte alles perfekt geplant und gewusst, dass wir ihm folgen würden. »Wir beginnen in Schillig. Zuerst werden wir am Strand 43 meditieren. Das geht nirgendwo besser als dort in den weitläufigen kleinen Dünen. Diese erste Kirche bereitest du vor, Peter. Minsen schaffen wir am gleichen Tag, selbst wenn wir zuvor noch das Nationalparkhaus ansehen 44 . Dieses Gotteshaus übernimmst du!« Rolli sah mich bestimmend an und ich löste mich aus der Starre.

»Du hast ernsthaft vor, durch das ganze Wangerland zu radeln und dir ununterbrochen irgendwelche Kirchen reinzuziehen?« Ich konnte mir Rolli beim besten Willen nicht auf einer Fahrradtour vorstellen und befürchtete, er würde wie eh und je schlapp machen. Spätestens, wenn Schwierigkeiten zu befürchten waren. Mit Rolli im Schlepp war gerade das unausweichlich.

»Lasst uns mit dem Rad zur Disco aufbrechen!«, schlägt Rolli vor.

Ich bin dagegen. »Du weißt, was für Typen dort herumlungern. Passender, wir nehmen ein Taxi. Diese einsame Strecke ist blöd.«

Rolli lässt sich nicht erweichen. Weiß wie immer alles besser. Peter ist in Eile, stimmt abwesend zu. Vielleicht hat er auch längst aufgegeben.

Ich hole ihn ab. Als wir bei Rolli ankommen, ist alles dunkel. An der Tür klebt ein Zettel. »Bin mit dem Auto gefahren. Meine Nase läuft.« Er hat weder auf uns gewartet, noch seinen Sinneswandel mitgeteilt.

Peter und ich radeln los. Fünf Kilometer über die Landstraße bis zum Kaisershof. Auf dem Weg dorthin stellt sich ein Wagen quer, zwingt uns zum Anhalten. Die Insassen steigen aus und zocken unser Geld ab. Vor Schreck merken wir uns nicht mal das Kennzeichen. Rolli hat einen schönen Abend gehabt, wie er später erzählt.

»Nicht ich, wir!«, korrigierte mich Rolli. »Wir als Männerrunde machen die Fahrradtour. Wir fahren gemeinsam und tun Buße für alles, was in unserem Leben durch eigene Schuld nicht gut gelaufen ist.«

»Und was soll das sein?«, fragte Peter, wild auf dem Display seines Handy herumhämmernd. Er wusste es sehr gut, wollte provozieren.

»Es gibt genug, wenn ich nur an die Streiche denke, die wir gemacht haben. Falko …«, Rolli hielt inne. Uns war klar, was er andeutete. Ich, Falko, hatte seine Eltern auf dem Gewissen. Er sprach weiter: »Von dir, Peter, weiß ich, dass du stets geschummelt hast und dein Abi nur mit Spickern geschafft hast.«

Rolli war selbstgerecht. Ich müsste ausflippen, ihn zur Rede stellen, doch ich tat nichts dergleichen. Ich schluckte meine Enttäuschung über das Wochenende herunter, auch wenn es nun genau so kam, wie ich es erwartet hatte. Am liebsten würde ich abreisen. Ich konnte nicht länger mit Rolli zusammen sein. Peter hatte mir immer zur Seite gestanden. Ohne ihn hätte ich Rolli nicht ausgehalten. »Und das Bier? Der Küstennebel? Wann trinken wir das alles?«, fragte ich lediglich. Ich sah zu Peter, der aber mittlerweile erheblich entspannter wirkte und sogar das Handy weggesteckt hatte. Klar, seine Moni würde einer Kirchentour sicher gern zustimmen. Meine Pläne wären für ihn schwerer durchzusetzen gewesen. Peter war stets leicht zu beeinflussen.

Rolli bemerkte mein Unbehagen nicht. Er hatte sich mit den Reiseplänen richtig ins Zeug geredet. »Ich übernehme dann die Kirche in Neugarmsiel und so rotiert es immer weiter, bis wir das Wangerland durchradelt haben.«

»Toller Plan. Um wie viel Uhr geht es los?« Peter zog sein Handy schon wieder aus der Tasche.

»Morgen früh um 9 Uhr am Strand von Schillig«, bestimmte Rolli.

Peter wandte sich bereits zum Gehen, doch ich war noch nicht fertig. »Augenblick!«, hob ich an. »Wenn wir diese Tour auf uns nehmen, hätte ich auch gern einen Vorschlag.«

Peter zog die Stirn kraus, Rolli japste nach Luft. Ich war der Störenfried, wie schon früher. »Kannst du nicht einmal mit dem zufrieden sein, was ich anrege?«, fragte er.

»Warst du ja auch nie«, knurrte ich.

Ich habe Eis geholt. Fürst Pückler. *Eine ganze Packung. Rolli verzieht das Gesicht. »Ich mag kein Erdbeer«, sagt er. »Erdbeer gab es immer bei Mama. Und die ist tot. Ich ertrage die Erinnerung nicht.«*

Ich biete ihm Vanille und Schoko an. Er nimmt beides, schmatzt. Peter und ich teilen den Rest. Rolli tut uns leid, da verzichtet man. Hinterher aber flüstert Peter: »Der ist nie zufrieden.«

Ich lege den Zeigefinger an die Lippen. Nicht Rolli kritisieren. Bitte nicht.

Jetzt wollte ich mich durchsetzen. Ein einziges Mal. Egal, was war. »Ich möchte, dass wir abschließend Wasserski fahren!«

Rolli sog die Luft ein. »Wasserski? Du spinnst. Pilgern reicht.« Seine Auge verengten sich. Ich hatte keine Vorschläge zu machen. Ihm schon gar nicht.

»Ich radle auch mit dir durchs Wangerland, obwohl ich Kirchen nicht allzu viel abgewinne.« Ich wusste, dass Rolli die Anlage hasste. Im Gegensatz zu mir und Peter. Ich will ihn leiden sehen. Ich kann ihn nicht mehr ertragen.

Es ist heiß. Der ganze Oberstufenkurs fährt zur neuen Wasserskianlage **45** *am Hooksmeer* **46**.

Rolli ist schlecht. Er muss fahren, weil der Lehrer das so will. Rolli steigt aufs Brett, stürzt und ertrinkt beinahe, denn er kann nicht schwimmen und hat das nicht gesagt. Er tut uns leid und wir schimpfen auf den Lehrer. Rolli bekommt eine 5 und insgeheim freut es mich. Endlich hat es ihn mal erwischt. Nicht immer nur mich.

Rolli schüttelte energisch den Kopf. »Das ist schlecht. Da ist Pferderennen auf der Jaderennbahn 47.«

»Rolli!«, entfuhr es mir. »Die Pferde fahren kein Wasserski, was hat das damit zu tun?«

»Ist zu voll am Hooksmeer«, wehrte er ab, aber in Peters Augen glomm das altbekannte Glitzern. Er hatte sich damals genauso gefreut, ich hatte es gesehen. Auch wir hatten unsere Erinnerungen an die gemeinsamen Zeiten. »Das machen wir! Nach der Pilgertour dürfen wir ruhig ein bisschen Spaß haben und gegen das Wasserskifahren hat meine Moni nichts einzuwenden.«

Unsere Tour war abgemacht und Peter sprintete über den Sand. Er hatte schon drei Minuten Verspätung. Ich hoffte nur, dass seine Moni ihm nicht vor lauter Wut alles vermasselte, denn dann war ich Rolli allein auf Gedeih und Verderb ausgeliefert.

Es regnete am folgenden Tag. Ich hatte mir ein Cape übergeworfen, dass das Nass aber nicht abhielt, weil der kräftige Nordseewind meine Jeans immer wieder freiwehte. Peter erschien mit roter Nase, ihn hatte eine Erkältung erwischt, und Rolli trug die perfekte Montur. Regenhose, Gummilinge über den Schlappen, Regenjacke, Südwester. Das volle Programm. Er verzichtete angesichts der gesundheitlich labilen Situation Peters auf die Strandmeditation.

Die Kirche in Schillig war schnell abgearbeitet. Von außen sah sie aus wie der untere Teil eines Schuhs. Rolli fand sie dynamisch und Peter war damit beschäftigt, sich zu schnäuzen. Wenigstens wirkte das Gemäuer von innen hell und freundlich. Auf den ausgearbeiteten Vortrag verzichteten wir, weil Peter dauernd nieste und Rolli ohnehin alles wusste.

Rolli ist gut in der Schule. Besser als Peter und ich. Rolli schreibt dreizehn oder vierzehn Punkte, versagt nur im Sport. Rolli sagt immer, dass er uns hilft, aber dann traut er sich doch nicht. Als er tatsächlich einmal etwas nicht weiß, schiebt er mir die Frage rüber. Auf einem DIN A4 Zettel. Ich werde erwischt, bekomme null Punkte und verpetze ihn nicht.
  Er schweigt feige. »Ich muss allein durchs Leben kommen«, sagt er. »Deinetwegen.«

Mich wunderte allerdings noch immer, weshalb der dicke Rolli ausgerechnet auf einer Fahrradtour bestanden hatte, wo er sonst Bewegung mied wie der Teufel das Weihwasser. Aber er wirkte beinahe enthusiastisch, als er sein Rad bestieg. Nach ein paar Metern erkannte ich auch warum. Das war gar kein Fahrrad, das war eine Art Mofa. Oder besser gesagt, ein E-Bike, das ihn durchs Wangerland bringen sollte. Fröhlich trat er ab und zu in die Pedalen, Peter und ich keuchten schwitzend hinterher. Rolli war es egal, ob Peter erkältet war.
  So ging es dann weiter. Von Minsen nach Neugarmsiel, wo sich Peter endgültig mit einer dicken roten Nase verabschiedete. Er ließ mich im Stich, so wie ich immer mal allein übrig blieb, weil er es nicht mehr aushielt, wenn Rolli kniff.

»Komm, wir spielen Ball mit dem Papierkorb!« Rollis Ansage.

Peter zu mir, ich zu Peter, er zu mir, ich zu Rolli. Der Feigling duckt sich, der Abfallbehälter segelt aus dem Fenster, einem alten Herrn auf den Kopf. Krankenhaus. Ärger mit dem Klassenlehrer. Ärger mit der Schulleitung. Wer hat geworfen?

Ich, Falko.

Tadel. Strafarbeit.

Rolli knallt mir auf dem Schulhof eine. Nur so. Aus Überlegenheit.

Das sieht seine Tante. Sie zupft ihn am Arm: »Aber Rolli, nicht doch!« Nicht mehr und nicht weniger. Peter bleibt verschwunden und taucht erst zwei Tage später wieder auf.

»Obwohl der Pilgerpass gar nicht voll ist, haut er einfach ab«, stellte Rolli missbilligend fest, als Peter davonfuhr. Ich saß in der Patsche, war Rolli von jetzt an ausgeliefert.

Das Wetter hatte sich gebessert, lediglich der Wind pfiff heftig aus Nordwest. Von einem lauen Sommer waren wir mittlerweile weit entfernt.

Rolli aber ließ sich von seinem E-Bike durch die Landschaft fahren, surrte fröhlich an mir vorbei, nachdem er zwischenzeitlich seine Mettwürstchen ausgepackt und verspeist hatte.

Abends schliefen wir in verschieden Gaststätten, frühstückten und fuhren unsere Route. Nach drei Tagen war es geschafft. Wir hatten fast alle Kirchen besichtigt, der Pilgerpass war vollgestempelt und mein Hintern durchgesessen.

»Nun habe ich noch eine besondere Überraschung!«, sagte Rolli. »Wir dürfen einen Kirchturm besteigen, und ich verrate nicht, welchen. Damit ist die Tour vollendet, wir haben zu uns gefunden und können weiter durchs Jahr gehen«, dozierte er. »Bis zum nächsten Mal. Du bist einfach mein bester Freund! Und du gehörst zu mir! Du weißt schon.«

Ich bin fünf Jahre alt und mit meinem Roller unterwegs. Er ist neu, meine Oma hat ihn mir mitgebracht. Ich sause die Straße auf und ab. Immer rasanter. An der Biegung kommt ein Auto. Ich bin schneller. Viel schneller, denke ich.

Ich höre Rufe. Die eines Mannes und die einer Frau. Mich packen zwei Hände, dann noch welche. Reifen quietschen und es wird schwarz.

Rolli hat danach keine Eltern mehr. Das Auto hat sie beide erwischt. Ich höre noch immer den Aufprall ihrer durch die Luft gewirbelten Körper. Sie sind tot, weil sie mich gerettet haben.

Dafür muss ich büßen. Mein Leben lang.
Denkt er.

Ich lächelte Rolli hilflos an, hoffte, diese Idee würde sich verflüchtigen, wenn wir erst in unsere alte Existenz zurückgekehrt waren. Ich wollte Rolli und seinen Launen nicht mehr gehorchen. Ich war erwachsen, hatte genug gelitten. Solche Schuld begleitete ewig. Jetzt aber sollte es vorbei sein. Einfach vorbei. Mein Hintern brannte vom langen Fahrradfahren, als hätte ihn mir mein Vater versohlt, weil wir wieder etwas angestellt hatten.

»Hast du keine Rasierklinge? Damit kann man das gut zerschneiden! Das geht besser als mit der Schere.« Rollis Idee, als wir bastelten. Klinge aus dem Rasierer gebaut, gesagt,

getan. Danach in den Handlauf der Treppe gesteckt, vergessen. Vaters Hand aufgeschlitzt. Krankenhaus.
Die Dresche bekomme ich. Nicht Rolli.
Der kann sich nicht erinnern, das angeregt zu haben. Seine Augen sagen: Du gehörst mir. Auf ewig.

Rolli, der Gute. Immer wieder Rolli. Er hatte ja nur uns. Mich und Peter. Ich konnte nicht mehr. Rolli war Geschichte und er wollte erneut Anteil an meinem Leben haben. Meine Schuld war in all den Jahren getilgt. Wir waren erwachsen geworden. »Lasst uns mal eine Pilgerfahrradtour machen!«, tönte es in meinen Ohren und sah Rolli an uns vorbeisausen. Mit seinem kleinen Motor am Rad. Ich hasste ihn, als er das tat. Jetzt mit fast 50 hasste ich ihn. Ich fühlte mich nicht mehr schuldig. Ich wollte frei sein.

Rolli kümmerte sich nicht weiter um mich und fuhr seinen Weg. Unaufhaltsam. Schnurstracks. Nach dem Kirchturmbesuch würde ich ihn verlassen und ihn nie wieder sehen. Ich musste es ihm dort sagen. Es war, als würde ich eine langjährige Beziehung beenden, glich dem Schlussmachen.

Rolli hatte sich die Sankt Jooster Kirche ausgesucht. Warum er gerade da in den freistehenden Glockenturm wollte, war mir ein Rätsel, aber uns fehlte die Kirche für den Stempel ohnehin noch. Und ein bisschen hatte mich die Ehre gepackt. Es war ein würdiger Abschluss für eine Ära, die nun zu Ende war. Ich war ein Kind gewesen und ich hatte mich freigeschwommen. Frei von Rolli.

Der sauste immer wieder an mir vorüber, zeigte, wie schnell er war. Freute sich über sein Tempo. Mit jedem Überholmanöver war ich genervter. Ich zählte die Stunden rückwärts …

Wir kamen aus Richtung Hohenkirchen, bogen links auf die L810 ab. Rolli glitt erneut an mir vorbei. »Ich habe mir überlegt, dass ich nicht mehr auf dich verzichten kann und will«, hechelte er mit seiner Piepsstimme. »Ich ziehe in deine Nähe und wir können uns ganz oft treffen. Du solltest froh sein, dass du mein Freund sein darfst. Trotz allem!« Er bemerkte mein Entsetzen nicht.

Hinter uns hupte es. Rolli war ein Stück zurückgefallen, weil er eine Mettwurst aß.

Aus dem Augenwinkel erkannte ich aber, als ich mich kurz umsah, dass er mich bald wieder eingeholt hätte. Noch fuhr ich vor ihm. Noch konnte ich bestimmte Dinge lenken.

Rolli fährt mit meinem Rad, ich mit seinem. Er bremst abrupt ab, ich fahre ihm hintendrauf. Sein Rad ist Schrott, mein Handgelenk aufgeschrappt. Mein Kopf schlägt aufs Pflaster. Rolli trifft keine Schuld. Ich muss aufpassen, wenn ich hinter ihm radle, sagt Vater. Wer auffährt, hat immer Schuld. Papa zwingt mich, Rolli von meinen Ersparnissen ein neues Rad zu kaufen. Der arme Junge hat doch nichts. Meinetwegen.

Ich bremste. Abrupt. Wie damals, nur umgekehrt. Rolli fuhr mir ins Hinterrad. Ich kugelte mich geistesgegenwärtig ins Gras.

Reifen quietschten.

Stille.

Am nächsten Tag traf ich mich mit Peter. Er wirkte zwar traurig, aber nicht allzu sehr bedrückt. Er hatte meinetwegen viel mitgemacht. Ein echter Freund. Wir spazierten ums Hooksmeer. In alter Verbundenheit, aber auch als Abschied. Wir wollten nicht wiederkommen.

»Was genau ist geschehen?«, fragte Peter, als wir uns von der Schleuse aus auf den Weg machten.

»Ich habe gebremst, weil ein LKW gehupt hat und dann ist Rolli mir reingefahren«, erklärte ich, so wie ich es der Polizei gesagt hatte.

»So wie früher, nur da war es umgekehrt«, erinnerte sich Peter. »Wer auffährt, hat immer Schuld.«

Ich blickte ihn dankbar an. Peter hatte mich reingewaschen.

Wir liefen an der Wasserskianlage vorbei, die mich mit ihren Geräuschen fast anzuflehen schien, doch mitzumischen, ließen die Surfschule rechts liegen, bestaunten am Seglerhafen die Boote. Von Weitem erklangen die Lautsprecher der Jaderennbahn.

Peter holte zwei Flaschen Bier aus der Tasche. »Auf Rolli.«

»Skol!«, sagte ich, und es fühlte sich gut an.

FREIZEITTIPPS:

36 **Hooksieler Hafen**

Der denkmalgeschützte Hafen liegt mitten im Ortskern von Hooksiel. Er ist einen kleinen Besuch wert, denn dort liegen herkömmliche, bunte Kutter. Weitere Gegenstände aus der Schifffahrt sind wie zufällig in der Hafenanlage platziert. Seetonnen, ein Mudderboot (wurde zum Entschlammen der Fahrrinne eingesetzt) und auch ein Anker sind hier zu finden. Das alte Speicherhaus beheimatet heute eine Gaststätte. Die ursprüngliche Form ist noch erhalten und mit etwas Fantasie kann man sich den damaligen Handel gut vorstellen. Hooksiel galt in früheren Zeiten als Tor zur Stadt Jever. Die Umgebung des Hafens lädt mit hervorragender Gastronomie zum Verweilen ein. Galerien, kleine Geschäfte und das Künstlerhaus liegen in der Nähe.

37 **Strand Hooksiel**

Der Hooksieler Sandstrand erstreckt sich über vier Kilometer. Er teilt sich auf in einen FKK Bereich, Hundestrand und allgemeinen Badestrand. An den meisten Stellen herrscht Sandwatt, also recht fester Untergrund vor.

Für jeden Teil stehen Umkleidekabinen, Duschen und Gastronomie zur Verfügung. Und sollte das Meer mal nicht da sein, lädt das Watt zu einem Spaziergang ein. Immer wieder stößt man auf Spuren von Wattwürmern, kann Krebse beobachten oder findet Muscheln, hin und wieder einen Seestern. Aber bitte die Sicherheitsregeln beachten und mit einem Wattführer gehen, wenn eine größere Tour geplant ist. Es gibt gezielte Informationsführungen zum Leben im Wattenmeer, die unbedingt zu empfehlen sind. Der Hooksieler Strand ist auch im Winter oder Herbst für einen entspannenden Spaziergang geeignet.

38 Schleuse Hooksiel mit neuem Hafen

Beim Übergang vom Hooksmeer zur Nordsee befindet sich die Hooksieler Schleuse, wo es im Sommer wegen der zahlreichen Segelboote zu regelrechten Staus kommt. Es ist interessant mitanzusehen, wie der Wasserstand den Bedürfnissen der Seeschifffahrt angepasst wird. Die Schleusenzeiten sind unterschiedlich und richten sich nach der Tide.

Im neuen Hafen laufen nicht nur die von der See kommenden Segelschiffe ein, auch große Fischfangboote haben dort festgemacht. Rechter Hand ragen beeindruckende Brücken in die Nordsee, die zum Löschen der Schiffsladung dienen, und der große Tiefwasserhafen, der Jade-Weser-Port.

39 Spielhaus Seesternchen Horumersiel

Wer kleine Kinder hat, dem sei das Spielhaus in Horumersiel warm ans Herz gelegt. Die Kinder (ab drei Jahren) werden dort nach Absprache betreut, oder aber man kann innerhalb der Saison verschiedene Kreativangebote wahrnehmen. Auch das eigenständige Spielen ist möglich.

Der Anlage angegliedert ist ein kleiner Spielplatz. Das *Haus Seepferdchen* befindet sich in Hooksiel. Bitte die *Nordseecard* vorweisen. Mit dieser erhält der Urlauber zahlreiche Vergünstigungen. Er kommt beispielsweise ermäßigt ins Meerwasserhallenbad, in Konzerte, die Spielscheune und vieles mehr. Andere Aktivitäten, wie die Nutzung des Kinderspielhauses, sind damit sogar kostenfrei. Mehr Informationen unter: www.nordseeservicecard.de/wangerland.html

40 Muschelmuseum Hooksiel

Anzusehen ist eine große Vielfalt der unterschiedlichsten Muschelarten. Das Museum ist nur in der Saison von April bis Oktober und während der drei Faschingstage geöffnet und befindet sich gegenüber des alten Hafens, sodass der Besuch mit einem guten Essen in den umliegenden Restaurants oder einem Eis verbunden werden kann.

41 Minsener Oog

Die Minsener Oog ist ein Vogelschutzgebiet, kann aber bei einer geführten Wattwanderung, die etwa vier Stunden dauert, vom Campingplatz Schillig aus erwandert werden. Da die Route größtenteils übers Sandwatt führt, ist sie sehr angenehm zu begehen, allerdings müssen Priele durchquert werden, sodass eine kurze Hose, vielleicht sogar eine Badehose, sinnvoll erscheint. Am Strand der Minsener Oog wird vor dem Rückweg eine Pause eingelegt. Die Insel gehört zur Schutzzone 1, darf nur unter Begleitung des Vogelwartes betreten werden.

42 Der Pilgerweg

Auch im Wangerland kann man pilgern und sich auf die friesische Art des Jakobsweges begeben. Allein wegen der Weite der Landschaft, der Nähe zur See und der sauberen Luft wird es den Wallfahrern ermöglicht, den Alltag loszulassen und einfach unterwegs zu sein. In den verschiedenen schönen Dörfern finden sie 14 wunderbare alte Kirchen. Die Pilger haben die Möglichkeit, ein großes Stück wangerländischer Glaubenskultur zu erfahren und sowohl im Gebet als auch in der Meditation innezuhalten. Die Kirchen sind geöffnet. Da die Orte weitläufig verstreut liegen, nimmt die Wanderung einige Tage in Anspruch. Eine weitere Option bietet das Fahrrad. Für die Pilgerroute gibt es explizite Karten mit Informationen über die Kirchen in den Touristeninformation. Der Pilgerpass kann abgestempelt werden. Die Kirchen befinden sich in Waddewarden, Hooksiel, Wüppels, St. Joost, Wiarden, Horumersiel, Schillig, Minsen, Neugarmsiel, Hohenkirchen, Tettens, Middoge, Oldorf und Westrum.

43 Strand Schillig

Der Strand in Schillig ist weitläufig, mit Dünen durchsetzt und ein ganzes Stück naturbelassener als der in Hooksiel. Das Watt ist vielerorts schlickig, dafür findet man zum Sonnenbaden immer ein ruhiges Plätzchen. Man schaut auf die Nordsee, sieht den vorbeifahrenden Schiffen zu und lauscht dem Geschrei der Möwen. Seit Kurzem ist es möglich, am Strand zu heiraten. Auch in Schillig kann man das Watt mit einem erfahrenen Wattführer erlaufen.

44 Nationalparkhaus Minsen

Das Nationalparkhaus informiert über die unterschiedlichsten Lebensbedingungen im Wattenmeer, die Salzwiesen, die Vögel und Seehunde, Krabben und alle weiteren Tiere und Pflanzen, die diesen eigentümlichen und individuellen Lebensraum ausmachen. Im Nationalparkhaus befinden sich auch Aquarien mit Fischen, die in der Nordsee beheimatet sind. Das Nationalparkhaus in Minsen hat in der Saison geöffnet.

45 Wasserskianlage

Kurz vor der Schleuse befindet sich die Wasserskianlage, die sowohl zum Wakeboarden als auch zum reinen Wasserskifahren genutzt werden kann. Die Wasserskianlage eignet sich zudem hervorragend für die Gestaltung von Kindergeburtstagen oder Gruppenevents.

Dazu gibt es eine ansprechende Gastronomie, die mit verschiedenen Köstlichkeiten aufwartet, und einen ansprechenden Grillplatz. Wer also nicht wasserscheu ist, die Herausforderung oder einfach nur Spaß sucht, ist hier richtig.

www.wasserski-hooksiel.de

46 Hooksmeer

Das Hooksmeer ist ein künstlich angelegter Binnensee mit einer Größe von 60 Hektar mit vielfältigen Möglichkeiten. So lockt das Areal unter anderem Spaziergänger und Radfahrer an. Für Wassersportler ergeben sich mannigfaltige Gegebenheiten, der Unabhängigkeit von Tide und Gezeiten des Gewässers sei Dank. Es haben sich eine eigene Marina angesiedelt, ein Segelleistungszentrum, eine Surfschule und eine Wasserskianlage. Sollte man dieses Naturreservat umrunden wollen, sei auf den Dietrichsberg hingewiesen. Eine Erhöhung, die einen tollen Blick über das Binnenmeer und die Marina bietet.

47 Jaderennbahn

Hooksiel verfügt über eine eigene Rennbahn, die ausschließlich im Sommer für die Pferderennen genutzt wird. Die Hooksieler Renntage sind ein echtes Stelldichein. Die Besucher präsentieren sich mit passendem Hutschmuck und versprühen so einen Hauch von Ascot.

Von Galopp-, Traber- und Ponyrennen bis hin zu Gespannfahrten wird alles geboten. Ausrichter ist der Hooksieler Rennverein. Unter der folgenden Adresse finden Sie die jeweils aktuellen Termine:
www.hooksieler-rennverein.de

5. WANGEROOGE

Bereits die Anreise mutet Außerfriesischen eigenartig an, denn wo sonst auf der Welt ist es notwendig, in einen Tidebus zu steigen, um zum Fähranleger zu gelangen.

Dieser Bus startet am Sander Bahnhof, die Abfahrtszeiten richten sich ganz nach den Gezeiten und den entsprechenden Schiffsabfahrtsterminen. Er bringt die Gäste auf direktem Weg nach Harlesiel. Von dort fährt man mit der Personenfähre. Mit etwas Glück aalen sich auf der Seehundbank ein paar der schönen Tiere.

Am Westanleger angekommen besteigt der Besucher eine kleine bunte Inselbahn, die quer durch die Salzwiesen führt und am Bahnhof im Dorf endet. Jeder Mensch schaltet spätestens jetzt herunter, die Uhren ticken hier anders. Mit dem Schild *Gott schuf die Zeit, von Eile hat er nichts gesagt* wird der Gast empfangen.

Die Insel ist autofrei, nur wenige Elektrowagen werden für die Versorgung eingesetzt. Eine herrliche Stille, die Hetze und Alltag vergessen lässt.

Wangerooge ist das östlichste Eiland und gilt als zweitkleinste Insel. Aus geografischer Sicht zählt sie zu den ostfriesischen Inseln, ist aber friesisch. Denn historisch gesehen gehörte sie nie zum Territorium Ostfrieslands. Auch heute noch ist sie ein Teil des Landkreises Friesland.

Ob man Wangerooge mit dem Rad erkundet oder zu Fuß, ob man den Westen mehr als den Osten schätzt: Es gibt viel zu entdecken! Beginnend mit dem wunderschönen Strand und den Dünen, gefolgt vom kulturellen und sportlichen Angebot.

Bitte beim Aufenthalt die Schutzzonen des Naturschutzgebietes und die Regeln in den Dünen beachten, damit die Insel weiter ein Rückzugsort für alle bleiben kann.

Anreise:

Mit der Bahn: mit der Nordwestbahn bis Sande Bahnhof, von dort mit dem Tidebus nach Harlesiel zum Anleger. Von da aus fährt das Schiff tideabhängig. Es stehen für die Anfahrt mit dem eigenen PKW kostenpflichtige Parkplätze zur Verfügung.

Mit dem PKW: von Oldenburg über die A29 bis Abfahrt Jever, über die B201 bis Wittmund. Von dort Richtung Esens-Harlesiel

Kontakt:
Gemeinde und Kurverwaltung Nordseeheilbad Wangerooge
Strandpromenade 3
26486 Wangerooge
www.wangerooge.de

ZURECHTGERÜCKT

Zufrieden blicken meine Augen auf den Tümpel. Er ist ein Sinnbild der Zerstörung. Und doch ist Leben daraus hervorgegangen. Aber ich habe mit seinem Tod zurechtgerückt, was zurechtgerückt werden musste.

Die Hand des Toten ragt noch hervor, versinkt jedoch von Sekunde zu Sekunde stärker. Mit etwas Glück dauert es, bis man ihn finden wird. Den Mann, der sich schuldig gemacht hatte. Es ist besser, es gibt ihn nicht mehr.

Die Dämmerung legt sich über die Insel, leichte Nebelschwaden wabern über die Salzwiesen. Es gilt vorsichtig zu sein, bald beginnt die Brutzeit und ich will die Vögel nicht aufscheuchen. Sie können für all das nichts. Ein letzter Blick, dann verschwinde ich lautlos in den Dünen.

Kai Claaßen freute sich auf Wangerooge. Er erkannte den Westturm **48** als Wahrzeichen schon vom Schiff aus. Sein Herz begann zu klopfen, als er die bunte Inselbahn sah, die bereits auf die Urlauber wartete. Während der Überfahrt waren sie an einer Seehundbank vorbeigekommen, immer wieder hatten die großen Silbermöwen um Futter gebettelt. Ein ganzes Jahr war ihm nun in der Idylle vergönnt. So lange würde er auf Wangerooge arbeiten dürfen. Er freute sich auf die Tätigkeiten im Nationalpark Wattenmeer **49**. Es war stets sein Traum gewesen, auf dieser Insel zu leben und der Natur so nah zu sein.

Seine Koffer hatte er schon letzte Woche vorausgeschickt, nun trug er lediglich eine kleine Tasche bei sich, denn er hatte eine Verabredung mit Fenna Lüken, eine seiner zukünftigen Mitarbeiterinnen. Sie sollte ihn zu seinem Zimmer in der Richthofenstraße und später zum Rosenhaus bringen.

Am Verabredungspunkt, dem Leuchtturm, 50 erkannte er sie sofort. Ihr kurzes, lila gefärbtes Haar fiel auf. »Ich leuchte, du wirst mich von Weitem erkennen«, hatte sie am Telefon gesagt. Sie hatte recht gehabt. Eine Frau wie Fenna war nicht zu übersehen. Trotz ihrer 40 Jahre wirkte sie schrill wie eine Mittzwanzigerin.

»Kann man in den Leuchtturm hinein?«, fragte Kai nach der Begrüßung. Er verspürte nur begrenzt Lust, sich sofort in sein neues Zimmer zurückzuziehen.

»Klar, der Turm und das Museum haben sogar schon geöffnet.« Fenna ging die Stufen voran.

Kai studierte die Inselgeschichte, betrachtete die ausgestellten Exponate mit großem Interesse. Am meisten faszinierte ihn der Bombenangriff im April 1945. Es war für ihn unvorstellbar, wie Tausende Bomben auf ein solch kleines Eiland abgeworfen werden konnten. Das Thema ließ ihn auch nicht los, als sie sich auf den Weg zu seinem Zimmer machten. »Es gibt also gesprengte und verschüttete Bunker auf der Insel?«, fragte Kai.

Fenna nickte. »Ja, gestern jährte sich der Angriff. Im Kino 51 vom Hotel Hanken zeigen sie nachher einen Film darüber. Wir können später dorthin gehen und etwas essen. Wäre ein schöner Einstand, was meinst du?«

Kai mochte Fennas offene Art, wenngleich er sich an die Haarfarbe noch immer nicht gewöhnt hatte. Er sah zum Himmel und fragte sich, ob das Wetter damals ähnlich gewesen war und die Insel die gleiche Idylle ausgestrahlt hatte wie heute. Doch im Krieg hatte sicher keine solche Unbekümmertheit geherrscht.

Fenna bemerkte seinen Blick und interpretierte ihn richtig. »Sie waren unruhig, die Wangerooger. Ein paar Tage zuvor war Helgoland angegriffen worden. Sie hatten damit rechnen müssen, dass es sie trifft, aber du weißt ja, wie die Menschen ticken. Sie glauben erst an das Unglück, wenn es bereits zu spät ist. Deshalb funktioniert der Umweltschutz auch nicht. Alle denken, so schlimm kann es doch gar nicht sein und bemerken die Zeichen nicht. Zumal es den meisten egal ist, wann immer eine Vogel- oder eine Schmetterlingsart ausstirbt.« Fenna hielt inne und lachte kurz auf. »Ich langweile dich mit meinen Philosophien, entschuldige. Ich ärgere mich einfach, weil ich genau weiß, wie viele Touristen in den nächsten Monaten blindwütig durch die Salzwiesen streunen werden, Gelege zertreten und Vögel aufschrecken.«

»Schon gut«, beschwichtigte Kai. Fenna hatte sicher recht mit ihren Befürchtungen. Im Augenblick fiel es ihm nur schwer, sich darauf zu konzentrieren. »Ich glaube, mir ist das im Museum eben etwas nahegegangen. Bombenangriffe sind seit meiner Kindheit eine heikle Geschichte. Meine Großmutter kam dabei ums Leben«, fügte er fast entschuldigend hinzu. Mehr wollte er nicht sagen und Fenna fragte auch nicht weiter nach.

Sie griff jedoch nach seiner Hand. Es fühlte sich vertraut an. »Dass dich die Kriegsereignisse so interessieren, hätte ich nicht gedacht«, lächelte sie. »Wenn du magst, kannst du im Dorf einen Lazarettbunker **52** besichtigen. Dahinter versteckt liegt ein weiterer großer Bunker in der Nähe vom Strand, aber dort darf man nicht hin. Er befindet sich auf einem Privatgrundstück, außerdem ist das Ding arg baufällig.«

»Danke«, sagte Kai. Warum nur fühlte er sich so unwohl?

Immer häufiger wurde er von solch bösen Vorahnungen übermannt und leider hatte er sich noch nie getäuscht.

Fenna hielt seine Hand weiter fest, der Trolley holperte über das Pflaster, bis sie vor dem kleinen Haus standen. Sie überreichte ihm den Schlüssel. »Hier ist dein neues Zuhause für ein Jahr!«

Sie verabredeten sich für 18 Uhr, wollten erst den Kinofilm ansehen und anschließend etwas essen.

Kai trat ein und sah sich um. Es roch leicht muffig, über die Wand kroch eine Spinne. Es hatte offenbar länger keiner in dem Zimmer gewohnt. Als Erstes riss er die Fenster auf. Sofort schoss die klare Nordseeluft herein und verdrängte den Geruch. Er atmete durch. Schon bald würde er heimisch werden.

Noch hatte ihn keiner gefunden. Er würde verrotten, so wie er es verdient hat. Nie hätte ich geglaubt, dass gerade er unser Leben so kippen könnte. Er, dem wir vertrauten. Er, dem ganz Wangerooge die Tür geöffnet hätte, wenn es nötig gewesen wäre. Er hatte versagt. Dafür musste er büßen. Und ich habe es vollbracht. Ich bin der Vollstrecker. Ich habe entschieden.

Das Abendessen mit Fenna war gelungen, Kai mochte sie. Und auch Silja, die sich dazu gesellt hatte und ebenfalls im Rosenhaus arbeitete. »Wir freuen uns über die männliche Verstärkung!«, sagte sie. Sie war wunderschön anzusehen mit ihrem schwarzen Ebenholzhaar. Das lebendig gewordene Schneewittchen, allerdings ein paar Jahre zu alt für ihn. Die kleinen Krähenfüße nahmen ihr zwar nicht die Attraktivität, zeigten aber dennoch, dass auch Silja die 40 bereits überschritten hatte. »Ich werde dir morgen erst den

Osten Wangerooges zeigen!«, schlug sie vor. »Dort ist es besonders reizvoll. Ich bin ein Fan dieser Seite der Insel.«

Fenna war das offenbar nicht recht, aber sie schwieg.

Kai gefiel der Gedanke, allein mit Silja zu sein. Die Frau faszinierte ihn. Sie war anders als Fenna, weiblicher. Attraktiver.

Gleich am nächsten Vormittag machten sie sich auf den Weg. »Warst du schon einmal auf Wangerooge?«, fragte Silja, als sie sich auf die Fahrräder geschwungen hatten und am Golfclub 53 vorbei in Richtung Ostanleger 54 fuhren.

»Nein, aber meine Mutter als kleines Kind. Meine Oma glaubte damals, dass die Inseln sicherer seien als das Festland. Sie lebten in Wilhelmshaven, und weil dort die Marine ansässig ist, bestand eine viel größere Gefahr, dass sie diese Stadt bombardieren, was schließlich auch passiert ist. Mit Wangerooge hat sie jedoch nie gerechnet.«

»Deine Mutter und deine Großmutter waren während des Angriffs hier?« Silja stoppte abrupt, sodass Kai ihr beinahe ins Hinterrad fuhr.

Kai nickte. Warum hatte er das gestern Fenna nicht sagen können? Etwas hatte ihn zurückgehalten, bestimmt war es nur die Tatsache gewesen, mit welcher Wucht ihn die Erinnerungen beunruhigt hatten. Wenn er ehrlich war, hatte er sich für Wangerooge entschieden, weil er auf den verwehten Spuren wandeln wollte. Er musste ihnen einmal ganz nahe sein. Dort, wo sie so viel Leid erfahren hatten.

Sie radelten weiter, Silja erklärte ihm die verschiedenen Arbeitsstätten und Bereiche, die ihn zukünftig erwarteten. Es würde eine wunderbare und vielseitige Arbeit werden.

Am Ende des Eilands setzten sie sich an den Dünenrand und betrachteten die Reste des alten Ostanlegers. Davon ragten lediglich ein paar Pfeiler aus dem Wattenmeer heraus.

Die Sonne wärmte ihre Gesichter, der Wind strich sacht über ihre Haut und so dauerte es nicht lange, bis sich ihre Lippen fanden. Silja schmeckte süß, viel zu gut.

Ab heute werden sie ihn vermissen, weil er eine Rede halten soll, dieser dumme Mann. Eine Rede, die ihm nicht zusteht. Nicht mit der Schuld, die auf seinen Schultern ruht. Eine Schuld, die er nun mit in sein Grab nehmen wird, sofern er eines bekommt. Die Rede wird ein anderer halten müssen.

Ich gehe meiner Tätigkeit nach, lasse mir nichts anmerken. Keiner traut mir etwas Böses zu. Ich bin ein Kind der Insel, hier bin ich geboren und werde hier sterben. So wie meine Mutter. So wie meine Großmutter. Der ewige Kreislauf der Insulaner, fest verwurzelt mit denen, die an diesem Ort leben, fest verwurzelt mit der Natur. Ein Kind der Insel, das es nun wagt, sich zu wehren und alles zurechtzurücken.

Fenna kam beiden schon entgegen. Sie war blass. »Mein Onkel, Menno Siems, ist nicht gekommen.«

Silja lachte auf. »Er wird die Fähre verpasst haben. Du weißt, wie schusselig er auf seine alten Tage geworden ist.«

»Das glaube ich nicht.« Fenna schüttelte den Kopf. »Er sollte heute die Ehrenrede halten. Das war ihm immens wichtig. Wäre er verhindert, hätte er sich sicher gemeldet. Ich bin in großer Sorge!« Sie tippte auf ihrem Handy herum, in der Hoffnung, eine Nachricht von ihm zu erhalten.

»Er taucht bestimmt noch auf!« Silja musterte ihre Mitarbeiterin. »Du machst dir zu viele Gedanken.«

Kai sah betreten auf den Boden, die Luft zwischen den

beiden jungen Frauen brannte. Er fühlte sich nicht ganz unschuldig daran, denn Fenna war nicht blind, hatte augenblicklich bemerkt, was mit ihm und Silja geschehen war.

Enttäuschung huschte ihr übers Gesicht. Doch offensichtlich war sie von ihr so etwas gewohnt. Kai war sich plötzlich sicher, dass die beiden eine unterschwellige Fehde austrugen. Vermutlich hatte Silja schon immer den größeren Schlag bei Männern gehabt und Fenna war die ewige Zweite, was sie durch auffällige Kleidung und das bunte Haar zu kaschieren versuchte. Beide Frauen waren in einem Alter, wo man längst verheiratet war, aber keine schien einen Partner zu haben. Kai verdrängte den Gedanken. Seine Scheidung lag schließlich auch schon drei Jahre zurück.

Kai distanzierte sich ein paar Schritte von Silja, denn er hielt es für besser, diese Glut nicht weiter zu schüren. Er wollte in Ruhe arbeiten. Auf dieser Insel, die einst seiner Mutter und Großmutter als Asyl diente. Sie hatten überlebt, während seine andere Oma in Wilhelmshaven von Trümmern erschlagen wurde.

Fenna warf einen letzten Blick aufs Display ihres Handys. »Ich gehe noch einmal zu meiner Tante. Kannst du mich begleiten, Kai? Ich mag jetzt nicht allein sein.«

Kai entging das Flehen in ihrer Stimme nicht. Aber auch nicht die Wut, die sich für einen Augenblick in Siljas Gesicht bemerkbar machte, weil sie Augen und Lippen zusammenkniff. Sofort jedoch gewann ihr Liebreiz wieder Oberhand und sie lächelte Kai aufmunternd an: »Geh nur! Wir sehen uns später. Ich komme bei dir vorbei, bringe eine Flasche Wein und Käse mit.« Es klang wie eine Drohung. Silja steckte Fenna gegenüber ganz eindeutig ihr Revier ab.

Sie standen damals einfach vor der Tür. Die Frau mit dem Balg. Das Dröhnen der Flieger mit der sechstausendfachen tödlichen Fracht über den Köpfen.

Lola Siems schickte sie fort. Sie wünschte ihnen den Tod. Verdient hätten sie es. Aus einer solchen Frucht würde nichts Gutes wachsen. Sie hatte es vorausgesehen.

Nun ist passiert, was passieren sollte. An diesem Nachmittag entschied sich sein Schicksal, weil er nicht einfach alles so lassen konnte, wie es war.

Kai fuhr Fenna nach und schon bald standen sie vor dem Haus ihres Onkels. Gegenüber befand sich die Nikolaikirche 55 , die gerade ihr Glockengeläut anstimmte. »Du musst mal bei Sonnenlicht hineingehen. Die Fenster sind wunderschön. Geben einen unglaublichen Frieden«, sagte Fenna. In ihrer Stimme schwang große Sehnsucht. »Ich bin sehr gläubig«, entschuldigte sie ihre Ausführungen.

Mit den Schlägen der Kirchenglocke und ihren Worten kam in Kai erneut das Gefühl auf, etwas sei ganz und gar nicht in Ordnung. Das bestätigte sich, als er Fennas Tante in die Augen sah.

Die Schatten und Gestalten der Vergangenheit suchen Schutz auf der Insel. Sie kommen alle zurück, denn sie wollen zurechtrücken, was zuechtzurücken ist. Bevor es zu spät ist. Bevor sie es nicht mehr vermögen, weil die bereits fort sind, die es besser wissen sollten. Doch ich habe schon Sämtliches erledigt, die anderen waren zu feige. Böses vererbt sich, Böses kommt immer wieder.

Keiner weiß, dass ich es bin. Ich, der Racheengel. Gleich gehe ich auf den Seelenpfad 56 . Dort gelingt es mir, ganz ich selbst zu sein. Der Nordseewind wird mein Gesicht streicheln und mir wird warm. Es ist vollbracht.

Kai wurde zwar in die Stube gelassen, jedoch sprach keiner mit ihm. Er bekam weder ein Glas Wasser noch einen Kaffee angeboten. Er war ein Niemand und ein Nichts im Haus von Fennas Onkel Menno, der aus unerklärlichen Gründen nicht vom Festland zurückgekehrt war. »Und doch behauptet einer von der Crew, dass er an Bord war. Ich weiß nicht, ob das stimmt.« Fenna wirkte völlig verzweifelt. »Mima, was sollen wir tun? Was kann mit deinem Vater geschehen sein?«, fragte sie ihre Tante, die sich unbeeindruckt zeigte.

Ihre Nichte lief vor der Anrichte auf und ab, auf der sich unzählige Bilder befanden. Ganz in der Mitte stand eines von Mennos Siems als junger Mann mit seiner Frau, zumindest glaubte Kai, dass es sich um ihn handelte. Er verglich das weibliche Gesicht mit dem von Mima. Die Ähnlichkeit war frappierend.

»Wo ist Mennos Frau?«, flüsterte Kai. »Also Mimas Mutter, richtig?«

»Sie sitzt in der Küche und stickt. Wie immer.« Fenna lief nervös im Raum herum. »Wir müssen ihn suchen!«, stieß sie schließlich hervor und sah beifallheischend zu Kai, der verlegen die Mütze in seinen Händen rollte. Er erhob sich sofort, denn nichts war ihm lieber, als diesem merkwürdigen Haus zu entfliehen, in dem die Zeit auf eigenartige Weise stillzustehen schien.

»Wenn Onkel Menno wirklich mit dem Schiff gekommen ist, kann er nur auf dem Weg zum Dorf verschollen sein. Er fährt nämlich nie mit der Inselbahn, sondern läuft. Trotz seines hohen Alters. Er ist für seine 90 Jahre noch topfit«, setzte sie hinzu.

»Ich alarmiere die Feuerwehr«, sagte Mima. »Was willst denn du jetzt da herumlaufen?«

Fenna baute sich vor ihrer Tante auf. »Er wollte heute kommen, ist angeblich auch auf der Fähre gewesen und nun ist er nicht da. Rufe du die Feuerwehr, ich laufe schon mal los. Ich kann und möchte nicht warten, bis ihr alle endlich etwas unternehmt.«

Mennos Frau Lola schaute zur Tür herein.

Kai erschrak, als er das bleiche Gesicht sah. Sie schien durch ihn hindurchzuschauen und wirkte alt und verhärmt. Kummer und Schmerz hatten ihr Antlitz tief gezeichnet. Außerdem zog sie ihr Bein nach, sodass ihr Schritt dem von Gregory Peck dargestellten Kapitän Ahab ähnelte. »Er wollte bereits gestern zurück sein!«

Fenna fuhr herum. »Das sagst du erst jetzt, Tant' Lola?«

Die schüttelte den Kopf. »Vielleicht glaubte der Mann, ihn da erkannt zu haben, und hat die beiden verwechselt.«

Mima sah ständig zur Wanduhr, wirkte gehetzt und zugleich umgab sie eine hoffnungslose Gleichgültigkeit, die Kai noch nie bei einem Menschen gesehen hatte.

»Warum hast du denn nichts gesagt, als er gestern nicht gekommen ist?«, fragte Fenna, sichtlich um Fassung bemüht.

Tant' Lola schwieg und zog sich wieder in die Küche zurück. Ihre Worte schwangen unheilvoll nach.

»Ich gehe ihn suchen!«, sagte Fenna. »Er ist mein Onkel und egal, was er Tant' Lola angetan hat: Für einen Tod reicht es sicher nicht.«

Kai nickte. »Ich helfe dir!«

Jetzt sind sie aufgeschreckt. Sie werden ihn finden. Nur keiner weiß, wer ihn gerichtet hat. Obwohl es so mühe-

los war, gebrechlich wie er geworden ist. Ich hätte seinen natürlichen Tod gern abgewartet, aber das war schließlich unmöglich. Für uns alle. Menno Siems hatte das Recht verwirkt, einfach nur sterben zu dürfen. Er war zu einer unkalkulierbaren Gefahr geworden. Am Ende war es so leicht gewesen. Ein Stoß hatte genügt. Er war sofort tot. Genickbruch.

Kai und Fenna kämpften sich an den Bahnschienen entlang, weil Fenna meinte, dass ihr Onkel immer dem Zug hinterherlief. Einen Augenblick glaubte Kai, Silja hinter ihnen zu erkennen, aber da hatte er sich wohl getäuscht. Obwohl er sich ständig umsah, waren sie dennoch allein.

Fenna hatte einen schnellen Tritt. Schließlich wandte sie sich ab, stapfte vorsichtig über die Salzwiesen, bis sie vor einem runden Tümpel standen.

»Warum hältst du an?«, fragte Kai.

»Weil ich glaube, dass er hier drin ist!«

Kai fasste Fenna an den Schultern. »Woher willst du das wissen?«

»Ich weiß es eben!«

»Weshalb, wenn du nicht dabei warst?«

Fenna begann bitterlich zu weinen. Sie bekam sich gar nicht mehr ein. »Weil … ach Kai, du musst mir helfen. Ich glaube, ich kenne den Mörder. Und ich darf nicht zulassen, dass er entdeckt wird! Er … sie …steht mir nah.«

Kai drückte Fenna fest an sich. »Es kann doch auch ein Unfall gewesen sein. Im Fall, dass er wirklich in dieser Kuhle liegt. Er könnte gestürzt sein.« Kai hoffte, dass es so war. So und nicht anders. Er ertrug den Gedanken plötzlich nicht, dass Fenna etwas mit all dem zu tun hatte.

Die aber riss sich los und legte sich auf den Bauch. Es

dauerte nicht lange, bis sie eine Hand ergriff. Sie zog und zerrte. Schließlich erkannten sie Mennos Gesicht. Fenna stieß ihn augenblicklich zurück. »Ich wusste es!«

»Warum holst du ihn nicht raus?«, fragte Kai.

»Ich weiß nur eines: Er muss hierbleiben, bis die Feuerwehr ihn findet. Es sollte wie ein Unfall aussehen. Und so war es bestimmt auch. Bestimmt war es so.« Fenna ließ sich am Rand des Biotops nieder. »Du sagst es ja ebenfalls!« Sie zog Kai vom Geschehen fort.

Sie wird ihn finden. Fenna wird klar sein, wo er liegt. Sie weiß ohnehin zu viel. Ihr ist bekannt, dass ihre Oma sterben musste, weil Lola Siems ihnen keinen Einlass gewährte. Der Frau mit dem Bastard-Gör; von ihrem Mann gezeugt.

Nach der Beerdigung kam sie zu uns. Großvater bestand darauf, dass meine Oma sie großzog. Sein eigen Fleisch und Blut. Dieses fremde Kind verschwand einfach nicht aus unserem Leben. Hatte sich eingenistet wie ein Kuckuckskind und verdrängte die, die dort lebten Stück für Stück. Es reichte nicht für uns alle. Mennos Liebe reichte nicht. Sie galt nur dem Fremdling und dem, was später aus ihr spross. Mit dem dicker werdenden Bauch war allen klar, dass sie auf ganzer Linie gewonnen hatte. In ihr wuchs eine weitere böse Frucht, die der wahren Familie Siems den Garaus machte.

Das neue Wesen war noch gewaltiger, noch gefährlicher als ihre Mutter. Sie stahl alles, was Menno Siems an Liebe zu vergeben hatte.

Sie bekam die erste Puppe. Sie durfte mit auf sein Segelboot. Den Rest der Familie gab es nicht mehr. Wir waren nur der Rest, dem es ohnehin gut ging. Wir brauchten seine Fürsorge nicht.

Dachte er. Er, der feine Menno Siems.
Der Seelenpfad hat mich nicht beruhigt. Ich bin aufgewühlt wie noch nie. Aber dieses eine Mal habe ich gewonnen.

Strammen Schrittes liefen sie in Richtung Dorf. Unterwegs begegnete ihnen die Feuerwehr. »Wir haben ihn nicht gefunden!«, schrie Fenna und hastete weiter, bis sie die erste Dünenkette erreichte. Dort ließ sie sich völlig außer Atem nieder.

Kai setzte sich neben sie. »Sag, was los ist!«

»Meine Mutter. Bestimmt war es meine Mutter! Sie ist krank. Krank vor Hass auf Menno Siems.«

»Warum?«

»Als die Bomben fielen, wollte meine Oma zu Menno. Meine Mutter ist sein Kind. Aber Tant' Lola hat sie nicht eingelassen.«

»Du bist Mennos Enkelin?« Kai war fassungslos. In was war er da hineingeraten?

Fenna nickte. »Und er hat mich geliebt. Mehr als sie!« Das *sie* spuckte Fenna förmlich aus.

Kai hob fragend die Brauen. »Sie?«

»Silja!«, sagte Fenna. »Seine offensichtlich größere Liebe zu mir war seine heimliche Rache an Mima und Tant' Lola, weil sie zeitlebens kaum noch mit ihm gesprochen haben. Meine Oma starb bei dem Bombenangriff, meine Mutter wurde von Tant' Lola aufgezogen. Sie hassten sie, sie hassten ihren eigenen Mann und Vater. Das hält kein Kind, keine Frau aus. Diese Kälte und Ablehnung. Das konnte auch Onkel Menno nicht auffangen, egal, was er anstellte, um es wieder gutzumachen. Mama ist krank.«

»Sie hat Depressionen«, fasste Kai zusammen.

»Schwere Depressionen«, bestätigte Fenna. »Onkel Menno, Opa durfte nur Silja ihn nennen. Er hat mich dafür umso mehr geliebt. Ich hatte ja niemanden außer ihm und Mama.«

Kai brauchte ein paar Minuten, um das Gesagte zu verdauen. Er dachte an Siljas hasserfüllten Blick, den sie Fenna zugeworfen hatte. Und an Fennas, der dasselbe widerspiegelte. Ihre gegenseitige Abneigung aber war nicht auf gestohlene Liebschaften zurückzuführen. Ihr Kampf galt nur einer Sache: Der Gunst des Großvaters. Das war sicher der Grund, weshalb beide nie geheiratet hatten. Für einen weiteren Mann wäre kein Platz gewesen.

»Bist du dir sicher, dass es deine Mutter war?«, fragte er schließlich.

Fenna nickte. »Sie hat es so oft angedroht. Sie hat ihn irgendwann angefangen zu hassen, weil er nie mit ihr fortgegangen ist, sondern sie all dem ausgesetzt hat.«

Ich muss von der Insel verschwinden. In einer Stunde geht das nächste Schiff. Mein Werk ist vollbracht. Ich habe gesühnt, was zu sühnen war. Von nun an bin ich frei. Auf mich kommt keiner. Nicht mehr lange, und ich bin fort von hier.

Kai folgte Fenna nach Hause. Ihre Mutter schien nicht da zu sein. »Sie ist geflohen. Schau, nicht mal die Medikamente hat sie genommen! Sie muss bannig viel Angst haben, wenn sie sogar die vergisst.« Fenna deutete auf die Schachteln, die verschlossen auf der Kommode ruhten.

Es raschelte und als sie sich umdrehten, sahen sie eine verhärmt wirkende Frau um die siebzig in die Küche treten. »Mama!«, rief Fenna aus. »Was hast du getan?«

Der Blick der Frau wirkte glasig. »Was? Ich kann kaum laufen heute.«

Kai waberte eine Alkoholwolke entgegen, Fennas Mutter war ein Wrack. Er winkte Fenna beiseite. »Deine Mutter soll deinen Onkel getötet haben? Schau sie dir an!«

Fennas Mutter wankte zur Bank und ließ sich darauf nieder.

»Ist sie immer so?«, flüsterte er.

»Ja, seit Jahren.«

Kai nahm Fenna beiseite. »Da stimmt etwas nicht. Deine Mutter kann kaum bis fünf zählen, wie soll sie deinen Onkel abgefangen und dann sogar getötet haben?«

»Sie hasst ihn«, wiederholte Fenna.

Kai schüttelte den Kopf. »Sie kann gar nicht mehr hassen. Sieh sie dir doch an! Deine Mutter braucht eine Therapie, sonst nichts!«

»Aber wer, außer ihr, könnte ihn in diesen alten Bombentrichter gestoßen haben? Da steckt eine Symbolik dahinter, verstehst du?«

Kai griff nach Fennas Hand. Sie war kalt und zitterte. »Silja mag dich nicht besonders und deine Tante ist dir ebenfalls nicht wohlgesonnen. Um das zu bemerken, muss man nicht einmal diese verkorkste Geschichte kennen.«

»Dann hätten sie mich oder meine Mutter umgebracht. Es gibt für sie keinen Grund, Onkel Menno zu töten. Er ist reich und schon bald werden sie alles erben. Zumindest, wenn auch Tant' Lola tot ist.«

Kai wich zurück. »Hat dein Großvater«, jetzt benannte er ihn in der Funktion, die er wirklich innehatte, »je mit dir über sein Erbe gesprochen?«

Fenna schüttelte den Kopf. »Nicht direkt. Letzte Woche hatte er sich wieder sehr über Tant' Mima und Silja geärgert und da hat er gesagt, er würde ihnen nur noch den Pflichtteil lassen. Sie hätte alles verwirkt.«

Das Schiff kommt. Ich betrete die Gangway. Gleich bin ich frei. Und reich. Sie werden mir den Anteil überweisen, sobald alles geklärt ist. Alles ist geplant und zurechtgerückt. Alles ist gut. Was für ein Gefühl nach all der Zeit! Nur meine Mama und meine Oma wussten davon, dass er Fenna sein ganzes Vermögen vermachen wollte. Sie werde mich nicht verraten, denn auch sie meinen, es stehe mir zu, nicht dieser Bastardenkelin.

»Letzte Woche«, wiederholte Kai. »Wussten die beiden das?«

Fenna zuckte erst mit den Schultern, dann wurde sie blass. »Ja, doch. Natürlich. Onkel Menno war stets sehr direkt. Und Silja war mächtig wütend gewesen.« Fenna stockte. »Du meinst, Silja …« Sie vollendete den Satz nicht.

Kai nickte. »War dein Großvater deshalb auf dem Festland?«

»Nein, sein Anwalt ist hier auf der Insel. Er war drüben, weil er dort viel Land und Immobilien hat und ein paar Dinge regeln wollte. Er war ja nicht mehr der Jüngste und seine Tage waren gezählt. Erst danach wollte er zu seinem Anwalt.« Fennas Stimme war mit der Erkenntnis immer leiser geworden. Von Ferne hörten sie das Typhon des ablegenden Schiffes. Beide wussten instinktiv, wer gerade Wangerooge verließ. Und dass sie Silja nur schwer nachweisen konnten, dass ihr Großvater durch sie in dem Bombentrichterbiotop gelandet war. Sie hatte zurechtgerückt, was sie glaubte, zurechtrücken zu müssen.

FREIZEITTIPPS:

48 Westturm

Der schon bei der Anreise von Weitem gut sichtbare Westturm gilt als Wahrzeichen der Insel. Er wurde in den Jahren 1557 bis 1601 erbaut und diente lange Zeit als Landmarke und Inselkirche. Mit seinen sieben Stockwerken und 56 Metern Höhe bietet er einen grandiosen Ausblick. Dennoch ist er als Leuchtturm nicht hoch genug. Heute befindet sich im Westturm eine moderne Jugendherberge.

49 Nationalpark Niedersächsisches Wattenmeer

Nirgends sonst wird die enge Symbiose zwischen Mensch und Nationalpark so deutlich wie auf Wangerooge. Schon allein deshalb, weil der Besucher gleich zu Beginn mit der Inselbahn die Salzwiesen durchquert und so einen ersten Eindruck der Vielfalt von Flora und Fauna bekommt.

Der Nationalpark Niedersächsisches Wattenmeer ist Bestandteil des Weltnaturerbes und sollte entsprechend respektvoll behandelt werden. Er ist unterteilt in drei Schutzzonen, die es zu beachten gilt.

Zone 1: Ruhezone -> keinesfalls hindurchlaufen, betreten nur auf den ausgewiesenen und markierten Wegen

Zone 2: Zwischenzone -> teilweise freier Zutritt

Zone 3: Erholungszone -> frei für alle Urlauber und Besucher

Und bitte auch in den Dünen nicht spielen oder graben, sondern auf den ausgewiesenen Wegen bleiben.

Die Dünen sind für die Inseln unabdingbarer Schutz gegen Sturmfluten und für vielerlei Tiere wichtige Rückzugsgebiete.

Trotz der strengen Vorschriften gibt es für die Urlauber enorme Möglichkeiten, die Natur von Aussichtsplattformen oder anderen Eckpunkten zu genießen und zu beobachten. Genauere Informationen sind im Nationalparkhaus erhältlich, wo auch Führungen angeboten werden. Ein Besuch lohnt immer.

50 Alter Wangerooger Leuchtturm

Der Leuchtturm von Wangerooge fällt sofort ins Auge, wenn man den Bahnhof verlässt. Er wurde 1856 in Betrieb genommen und beherbergt im unteren Teil das Heimatmuseum mit Exponaten, die die Geschichte der Insel erzählen. Es ist möglich, die 161 Stufen zu erklimmen und zur Aussichtsplattform zu gelangen. Von dort hat man einen fantastischen Ausblick über das Wattenmeer und die Nordsee.

Im Turmzimmer finden außerdem Trauungen statt. Wer sich also nicht scheut, beim Gang in den Hafen der Ehe zuerst ein paar Ebenen emporzusteigen, kann hier den ersten Schritt tun.

51 Kino im Hotel Hanken

Das Hotel Hanken ist ein Traditionshotel auf der Insel und besticht mit einer exzellenten Küche und wunderbarem Inselflair.

Das Hotel (Seiteneingang Peterstraße) beherbergt auch ein kleines, feines Kino. Es ist nur saisonal geöffnet und bietet bis zu vier Vorstellungen täglich. Gezeigt wird eine Mischung aus Vorjahresfilmen und aktuellem Programm. Der Saal erinnert an frühere Zeiten, die Leinwand ist mit einem Vorhang bestückt, aber die Filme werden durchaus in digitaler Qualität oder in 3-D abgespielt. Ein Erlebnis für sich. Anschließend ist ein Restaurantbesuch zu empfehlen.

52 Lazarettbunker und Bunker der Insel

Wangerooge war im Zweiten Weltkrieg eine arg gebeutelte Insel. Rund 6.000 Bomben gingen auf sie nieder. Überall in den Dünen versteckt befinden sich zugewachsene, größtenteils gesprengte Bunker, die nur noch bei genauem Hinsehen zu erkennen sind. Die Bombentrichter haben sich teilweise zu kleinen Biotopen entwickelt und sind schon bei der Zugfahrt ins Dorf erkennbar. Mitten im Ort befindet sich ein großer, sehr versteckt gelegener Bunker auf einem Privatgrundstück, kurz davor aber liegt ein Lazarettbunker, den man bei einer Führung besichtigen kann.

53 Golfclub

Die Insel Wangerooge verfügt über einen eigenen Golfclub. Für Liebhaber dieses Sports ist es ein einmaliges Erlebnis, hier unter diesen Bedingungen ein paar Abschläge zu wagen. Der Platz befindet sich im Ostteil der Insel in der Nähe des Flughafens.

54 Ehemaliger Ostanleger

Der ehemalige Anleger liegt ganz im Osten Wangerooges. Die Stilllegung erfolgte 1958 und er wurde sich selbst überlassen. Der 1903 erbaute Anleger war tideunabhängig. Heute ragen nur noch ein paar Holzstümpfe aus dem Watt. Allein der Weg dorthin lohnt und ist einzigartig schön. Ein gutes Stück kann man mit dem Rad bewältigen, doch schon bald wird der Sand tief und bei schlechtem Wetter ist der Boden auch sehr aufgeweicht. Hat man sich aber zu Fuß weiter durchgekämpft, erwartet den Gast ein Teilstück Insel, das ihm fast allein gehört. Nur durchbrochen vom ewigen Schreien der Möwen.

55 Evangelische Nikolaikirche
Diese Kirche hat Flair. Sie liegt im Ortskern, rechter Hand der Zedeliusstraße am Dorfplatz. Das Gotteshaus wurde nach dem Zweiten Weltkrieg wieder aufgebaut. Faszinierend sind die vielen Glasfenster mit den Ornamenten, in denen sich die Sonnenstrahlen brechen. Dabei taucht das ganze Kirchenschiff in ein eigentümliches Licht. Wer einen Augenblick in Ruhe verweilen will, findet hier einen wundervollen Platz.

56 Seelenpfad
Der Seelenpfad durch die Wangerooger Dünen ist auf Initiative des Lions Clubs entstanden. Lieder und Gedichte laden, teilweise an landschaftlich einzigartigen Blickpunkten, zum Verweilen ein. Man kann die Texte studieren, die Ruhe auf sich wirken und die Gedanken schweifen lassen. Der Verlauf des Seelenpfades und das dazugehörige Schriftwerk sind im Haus Ansgar der katholischen Kirche erhältlich.

6. WITTMUND, LANGEOOG UND UMZU

Der Landkreis Wittmund erstreckt sich von Friedeburg bis zur Küste und umfasst auch die Inseln Spiekeroog und Langeoog. Wunderschöne Küstensielorte mit einer interessanten Geschichte und einzigartiger ostfriesischer Bauweise sind ein fester Bestandteil des Wittmunder Umlandes. Auch die *Bärenstadt Esens* kann sich sehen lassen. Diese Gegend ist touristisch gut erschlossen und bietet ein mannigfaltiges Ausflugs- und Besichtigungsprogramm. Neben vielen alten Kirchen in Reepsholt, Marx, Horsten und Etzel, Wallhecken und Kanälen befindet sich hier auch das *Ewige Meer* mit dem Naturschutzgebiet.

Wittmund selbst ist eine gemütliche Ostfriesenstadt. Sie lädt zum Einkaufen ein, oder um einfach nur eine Tasse Tee mit Kluntje und Wulkje, eben eine *Moi Tass Tee,* in einer der zahlreichen Teestuben zu trinken. Wittmund und umzu haben viel zu bieten.

Ein besonderes Highlight ist definitiv die Insel Langeoog. Zu erreichen ab Bensersiel. Ein wunderschönes, langgestrecktes Eiland mit 14 Kilometern Sandstrand, einem urigen Dorf und zahlreichen Möglichkeiten, die Vielseitigkeit Langeoogs zu entdecken. Ein Tagesausflug, wenn nicht mehr, sollte schon drin sein. Die Insel ist autofrei, wer klare Luft und Ruhe sucht, ist hier richtig gut aufgehoben.

Anreise Wittmund:

Mit dem Zug: Oldenburg-Sande, Umstieg in Richtung Esens

Mit dem PKW über die A 29 bis Abfahrt Jever, B210 bis Wittmund

Anreise Langeoog:
Wie oben, aber weiter nach Bensersiel, von dort mit der Fähre, die regelmäßig nach Fahrplan verkehrt.

Kontakt:
Tourist-Information Wittmund
Am Markt 15
26409 Wittmund
(04462) 983150
www.wittmund.de
www.wittmund-tourismus.de

EIN WASCHECHTER OSTFRIESE

Hugo hatte beschlossen, ein echter Ostfriese zu werden. Mit allem, was dazu gehört. Von einem Tag auf den anderen plante er seine Wurzeln, die in Wanne-Eickel lagen, zu verleugnen und einen Neuanfang zu wagen.

Der Anlass dazu war wirklich dürftig und für mich, trotz der nachempfundenen Peinlichkeit für ihn, nicht plausibel. Es geschah auf der letzten Urlaubsreise, beim Rückflug von den Malediven. Wir waren bislang begeisterte Fernreisende, muss ich dazu sagen. Warum er mit einem Mal so angstvoll reagierte, weiß ich nicht.

Das Flugzeug geriet in Turbulenzen. Es wackelte und schaukelte, zwischenzeitlich fühlte es sich an, als stürze es ab. Ich fand es auch nicht beruhigend, aber Hugo versetzte diese Situation in Panik. Er zitterte, bekam Schweißausbrüche und am Ende liefen ihm sogar Tränen über die Wange.

Im Nachhinein war ihm das ungeheuer peinlich, und so beschloss er, das Fliegen für immer aufzugeben und sich neuen Gefilden in Europa zu widmen, um nie wieder in eine solche Situation zu geraten.

Das erste Ziel war die ostfriesische Halbinsel. »Wittmund und umzu«, sagte er in typisch ostfriesischer Manier oder eben so, wie er sich vorstellte, dass es klingen musste.

Als Erstes quartierten wir uns in Carolinensiel ein. »Weil man dort so wunderbar am Museumshafen 57 laufen kann und ich mir im Sielhafenmuseum 58 das Rüstzeug für das echte Ostfriesendasein aneignen muss«, beschloss er. »Die hintergründige Geschichte ist schließlich nicht zu ignorieren.«

Hugo tat fast so, als würden wir eine völlig fremde Kultur bereisen. Ähnlich hatte er sich auch verhalten, als wir nach Mittelamerika flogen, um die Mayas zu studieren, oder später, als es um die Azteken in Mexiko ging. Nun aber wollten wir doch nur nach Ostfriesland!

Hugo schleppte mich anschließend nach Neuharlingersiel 59, dessen Hafen in der Tat äußerst schnuckelig anmutete und wo ich die beste Torte meines Lebens genoss. Sie nannte sich *Ossi Torte*. Ein kalorienreiches Teil mit Rum, Sahne und Rosinen. So richtig was für die Hüften! Am Ende des Tages erstanden wir noch frischen Granat, der nur erst von seiner Schale befreit werden musste. »Das nennt man pulen«, erklärte Hugo. Er war sehr konzentriert dabei, zum Zeichen steckte seine Zunge im rechten Mundwinkel.

Am nächsten Tag war der Himmel klarblau, die Sonne brach sich in den Riffeln des Wattenmeeres, Möwen kreischten. Ich freute mich auf einen Tag am Strand, zumal die Temperaturen mediterran anmuteten.

Hugo aber hatte eigene, andere Pläne. Er wollte seine Bildungsreise durch Ostfriesland fortsetzen. »Schließlich ist es wichtig, alles über diese besondere Kultur zu erfahren.« Er dozierte und dozierte. Ich hörte zu, dachte, es würde bald ein Ende nehmen und anschließend war bayrische Lebensart angesagt. Dabei würde er sein Augenmerk dann auf das Tragen von Lederhosen legen, vermutlich einen Gamshut aufsetzen und vornehmlich Leberkäse speisen. Seine Flasche Bier würde zu einer Maß werden und das Pils zu einem Weizen. Hugo würde wie immer alle Vorurteile bestätigen.

Diese Hoffnung erwies sich als Irrtum. Als fataler, großer Irrtum.

Zunächst erkundeten wir in Esens das August-Gottschalk-Haus **60**. Das war meine Idee, denn ich interessierte mich sehr für die jüdische Denkweise. Hugo fand das alles nicht ostfriesisch genug; schon jetzt hätte ich stutzig werden sollen.

Nach dem Besuch in der Schmiedekunst **61** in Werdum, wo wir dem Schmied bei seiner Arbeit zuschauen konnten und am Ende sogar ein Ständchen von ihm erhielten, war Hugos Leidenschaft völlig für Ostfriesland entbrannt. Immer wieder zog er das handgeschmiedete Hufeisen aus der Tasche, wiederholte zum hundertsten Mal, wie gut er die Fragen des Mannes hatte beantworten können und dass Werdum wirklich einen längeren Aufenthalt wert sei.

Danach zog es ihn zur dortigen Häuptlingsburg **62**, die er kritisch musterte und sich gleich vornahm, alles über die Häuptlinge Ostfrieslands in Erfahrung zu bringen. Es wurde deswegen eine kurze Nacht für ihn, was meinen Gatten aber nicht davon abhielt, gleich am nächsten Tag nach Langeoog reisen zu wollen. Er hatte der Touristikinformation entnommen, dass es dort ein Boßelseminar gab. »Das ist echtes ostfriesisches Kulturgut!«, behauptete er. Ich teilte seine Ansicht nicht und fand die Tatsache, dass sich der Häuptling der Werdumer Burg schriftstellerisch betätigt und den Ort zu einem Kulturzentrum gemacht hatte, erheblich interessanter. Hugo ging mir zunehmend auf die Nerven.

In der Nacht lag ich wach und plante, ihm ein Ultimatum zu setzen. Entweder, wir funktionierten diesen Urlaub als Stranduraub um, oder wir befassten uns mit wirklich relevanten Dingen. Auf gar keinen Fall verspürte ich Lust dazu, sämtlichen Klischees, die man über Ostfriesland in die Welt hinaustrug, nachzugehen.

Hugo schlug alles in den Wind, was ich sagte. Mir kam es zunehmend vor, als kannte ich meinen eigenen Mann nicht mehr. Er wirkte fast besessen davon, sich hier anzupassen. Einmal tauchte kurz ein Gedankenblitz auf, der mir meinen Hugo in Fischerhemd und schwarzer Cordhose mit einer Pfeife im Mund vorgaukelte, aber ich schob ihn schnell weg. So weit würde es nicht kommen. Ganz sicher nicht.

Schon die Überfahrt nach Langeoog glich einer Geduldsprobe. Wir kamen viel zu früh in der Abfertigungshalle in Bensersiel an, und Hugo textete den armen Mann am Schalter gleich mit seinen rudimentären Plattdütsch-Kenntnissen zu. Natürlich wollte er der Erste an Bord sein, drängelte alle Rucksacktouristen beiseite und flegelte sich sofort auf einer der Bänke. Ich betrachtete die großformatigen Bilder von Meer und Dünen an den Wänden und hoffte, die Überfahrt möge rasch vorübergehen.

Meine fixe nächtliche Idee war außerdem zu einem lebendigen Albtraum geworden. Hugo hatte vor der Abreise einen Küstenladen aufgesucht und präsentierte sich wirklich in stilechtem friesisch gestreiften Blau und trug überflüssigerweise auch eine Schiffermütze. Seinen Hals schmückte sogar ein rot gemustertes Tuch, das vorne durch einen Miniatur-Holzschuh zusammengehalten wurde. Diese Technik war mir neu, aber sie funktionierte tadellos. Der Schuh war in seiner Länge nach mit einem Loch versehen, durch das das Tuch gezogen wurde.

Noch immer war er bemüht, in möglichst breitem Tonfall zu sprechen. Das klang dann aber eher wie verunglücktes Ohnsorg-Theater. Hugo war mir peinlich, deshalb zog ich einen Spaziergang auf dem Oberdeck vor und beobachtete lieber die See und die Möwen. Doch bereits nach kurzer Zeit musste ich zu meinem Mann zurück, weil die Fähre in Langeoogs Hafen einlief.

Hugo bemerkte gar nicht, wie lächerlich er sich machte, zudem er sich auch noch als Reiseführer aufspielte. Seine Stimme dröhnte schon von Weitem: »Wer kann mir die ostfriesischen Inseln in der richtigen Reihenfolge von Ost nach West aufsagen?« Beifallheischend sah er sich um. Die Umstehenden blickten betreten zu Boden.

»Hugo!«, warnte ich ihn. »Komm, lass die Leute in Ruhe ihren Urlaub machen!«

Natürlich hörte er nicht zu. »Ist wirklich ganz einfach, werte Mitreisende. Welcher Seemann liegt bei Nanni im Bett? Wangerooge, Spiekeroog, Langeoog, Baltrum, Norderney, Juist und Borkum. Ist doch gar nicht so schwer!«

Ich musste mich beherrschen, Hugo nicht über Bord zu werfen. Währenddessen überlegte ich, was ich auf Langeoog tun wollte, während mein Gatte am dort angebotenen Boßeln 63 teilnahm und nach und nach zum Ostfriesen mutierte. Oder besser gesagt zu dem, von dem er glaubte, dass es ein Ostfriese sei.

Zum Boßeln musste er definitiv allein gehen. Denn das war nun wirklich nicht mein Ding. Eine Kugel über die Wege rollen und »Hopp Hopp« schreien! Einmal hatte ich eine solche Gruppe beim Übungswerfen gesehen und auch, wie der Boßeltrainer breitbeinig auf der Straße stand und schrie: »Hier muss er durch! Hier muss er durch!« Wer das mitmachte, konnte tatsächlich nur Ostfriesenblut in den Adern haben. Oder gestrickt sein wie mein werter Ehemann. Ich würde zu Hause für Hugo einen Stammbaum anfertigen lassen und der Sache auf den Grund gehen. Seine Veränderung musste doch eine Ursache haben.

Zunächst jedoch bestiegen wir die Bimmelbahn und ließen uns zum Ort chauffieren. Am Schalter, wo wir unsere Kurkarte freischalten lassen sollten, zeterte Hugo gleich weiter, denn er weigerte sich, dies als Einheimischer zu tun. Es war so peinlich. Schließlich ließ er sich doch erweichen und zahlte den Betrag.

Mir war derweil die Lust am Inselbesuch gründlich vergangen. Irgendwie aber musste ich die Zeit bis zur Abreise herumkriegen, denn Hugo hatte ein Zimmer in einer kleinen Pension unweit des nicht zu übersehenden Wasserturms **64** an der Kaapdüne gebucht. Mein Mann schien etwas traurig darüber zu sein, dass ich seine Boßelleidenschaft partout nicht teilen wollte, aber er suchte mir bereitwillig ein anderes Ausflugsziel heraus. Ich wertete diese Kompromissbereitschaft positiv und drängte meine Aggression ein wenig zurück.

Während er also mit voller Inbrunst sein »Hopp hopp« schrie, machte ich mich auf zur Aussichtsplattform **65**, um Seehunde in freier Wildbahn zu beobachten. Es war schön und ich genoss die Fahrradtour dorthin, obwohl ich die Strecke ein wenig unterschätzt hatte. Diese Route in den Osten **66** betrug am Ende einige Kilometer mehr, als ich gedacht hatte. Während ich vor mich hinstrampelte, träumte ich von einem entspannten Besuch eines Wellnessbereiches. Eine Frau, die ich an der Plattform getroffen hatte, schwärmte von der Nordseetherme in Bensersiel; dort war es sogar möglich, sich selbst im Beckenhimmel beim Schwimmen zu betrachten. Nun war ich nicht die Schlankste und konnte nicht sagen, ob mich diese Vorstellung begeisterte, aber die Saunaanlage klang vielversprechend, zumal der Wetterbericht ab morgen Regen und kühlere Temperaturen vorhergesagt hatte. Ich plante, Hugo den Vorschlag zu unterbreiten, dass sich von jetzt an in diesem Urlaub unsere Wege trennten, weil ich nun auf Wellnesspfaden wandern würde. Schließlich gab es neben der Nordseetherme auch noch die Cliner Quelle in Carolinensiel. Der Erholung war keine Grenzen gesetzt.

Hugo nicht sofort von meiner Planänderung in Kenntnis zu setzen, erwies sich rasch als Fehler.

Schon beim Abendessen im Hotel wartete er mit einer völlig neuen Idee auf: »Ich werde in Wittmund mein Abitur ablegen!«

»Wie soll das gehen?«, warf ich vorsichtig ein. Hugo war zwar recht geschickt, aber weiß Gott nicht der Hellste.

»Ich mache das Ostfriesenabitur [67]!«, entgegnete er stolz und schob mir einen Prospekt rüber, den ich aufmerksam studierte.

»Das ist ein Spaß«, sagte ich. »Das ist kein echtes Abitur! Hugo, du machst dich lächerlich!« Allein die grausame Vorstellung, wie er dort in seinem Friesenoutfit aufschlagen würde … Ich beschloss, bald abzureisen, ansonsten konnte ich für nichts mehr garantieren.

»Wenn man Ostfriese sein will, sollte man diese Prüfung abgelegt haben«, entgegnete mein Mann mit Inbrunst an Überzeugung.

»Das ist lediglich ein Touristengag!«, sagte ich. »Kein Mensch, der hier lebt, hat das Ostfriesenabitur. Die Leute gehen auf ganz normale Schulen!« Ich redete mit einer Wand.

Hugo hörte wieder nicht hin. Ich schämte mich in Grund und Boden, denn die Gespräche an den Nachbartischen waren verstummt, alles blickte zu uns herüber, amüsierte sich über meinen Mann, der in breitem Plattdeutsch-Wanne-Eickel-Mix die Boßeltour beschrieb und sich bereits ungeheuer ostfriesisch vorkam. So konnte ich Hugo unmöglich mit zurück nach Hause nehmen! Er hatte sich völlig verändert! Es war zukünftig ausgeschlossen, Kegeln zu gehen oder Freunde zu besuchen. Nichts ging mehr!

Ich musste nachdenken und allein sein. Überlegen, wie ich mit diesem neuen Gatten umgehen sollte.

»Hugo, ich möchte morgen nach Esens«, sagte ich beim Frühstück. »Dort gibt es den Skulpturenpfad **68**, den ich mir heute ansehe. Wenn das Wetter schlechter werden sollte, gehe ich in die Schwimmbäder und die Saunen. Mir machen die anderen Dinge keinen Spaß!«

Mein Gatte wälzte gerade einen zweiten Reiseführer, den er in der Buchhandlung auf Langeoog erstanden hatte. »Ich muss noch fürs Padstockspringen üben«, sagte er, ohne auf meine Bemerkungen einzugehen.

Meine Hand ballte sich zu einer Faust. Hugo konnte mich mal! Er bemerkte nichts von meinem Unmut. Meine Abwesenheit kommentierte er nicht, denn er büffelte plattdeutsche Vokabeln. Er kaufte kilowiese Granat, weil er den besten Kniff herausfinden wollte, sie möglichst rasch zu pulen.

Am Ende konnte ich die Dinger nicht mehr sehen, Hugo jedoch schien sich fast ausschließlich davon zu ernähren. Etwas anderes blieb ihm auch nicht übrig, wenn er die Massen nicht permanent entsorgen wollte. Eine Boßelkugel ging in seinen Besitz über und er verschwand stundenlang. Kurz: Er bereitete sich auf das Ostfriesenabitur so vor, als müsse er die Prüfung seines Lebens bestehen.

Dann kam sein großer Tag! Ich hatte seinem Flehen nachgegeben, ebenfalls teilzunehmen. Irgendwie konnte ich Hugo nicht ganz allein lassen. Ich liebte zwar mein Wanne-Eickel, meinen Schrebergarten, meine Tauben ... Aber jemand musste Hugo schließlich schützen.

Er war sichtlich nervös, weil er das geforderte Padstockspringen zuvor nicht hatte üben können und befürchtete zu scheitern. Auf die Idee, die anderen Teilnehmer würden das Ganze als reinen Spaß auffassen, kam er noch immer nicht. Für ihn war die Angelegenheit bitterer Ernst. So bitterer Ernst, dass er sich aufwärmte, Kniebeugen machte, die Muskeln dehnte.

Mit verbissenem Blick musterte er die Mitwirkenden, schätzte ab, ob sie ihm Konkurrenz waren oder nicht. Er war ihnen unsympathisch, das war unübersehbar. Und ich mochte ihn so auch nicht, nur standen mir solche Gedanken als Ehefrau nicht zu. Ich hatte Hugo zu lieben in guten wie in schlechten Tagen, doch es fiel mir immer schwerer. Die vergangenen Jahre an seiner Seite waren nicht leicht gewesen, aber was er hier die letzte Woche abzog, war besorgniserregend. Ich fühlte mich wie einem Fremden gegenüber. Einem Unbekannten, der sich gebärdete wie Goliath und gar nicht bemerkte, dass er weder David noch sonst einen Feind vor sich hatte.

Wir wurden freundlich begrüßt, von Beginn an war deutlich, dass es schlichtweg eine lustige Veranstaltung werden sollte. Spiel und Spaß.

Hugo aber erblasste merklich, als die Freilichtprüfungen begannen. Vor dem Boßelstart hüpfte er auf und nieder, erinnerte an einen Flummi. Er rieb die Kugel ab, stellte sich in Position – und warf! Sein Training zahlte sich aus. In mir kam bei diesem sensationellen Wurf tatsächlich kurz so etwas wie Stolz auf. Wir anderen konnten nicht mithalten und Hugo war der grandiose Sieger. Beim Zielboßeln verfehlte er allerdings das Ziel, was die übrigen Teilnehmer zu einem hämischen Grinsen verleitete, aber meinen Mann noch verbissener machte. Er schleuderte den Strauchbesen wieder am weitesten, freute sich wie ein kleines Kind.

Anschließend folgte das berüchtigte Padstockspringen. Hugos Hände erzitterten vor Panik. Er fürchtete diesen Wettkampf wirklich, denn nirgendwo war es so leicht, sich zu blamieren wie hier.

Und das tat er dann auch. Während alle anderen nur über ein Rinnsal hüpften, wollte Hugo ganz groß punkten. »Ich bin nämlich ein werdender Ostfriese und die springen doch nicht über solche Pfützen.« Mein Mann schnappte sich den Stab und wandte sich zum Tief, das dunkel und breit neben dem Weg floss. Er stakte ein, blieb in der Luft hängen und versenkte sich eigenhändig in der schlammigen Brühe.

Es wäre trotz allem nicht schlimm gewesen, hätte Hugo es einfach mit Humor genommen. Aber Lachen gehörte nicht zu seinem gängigen Repertoire, jedenfalls lachte er nur ungern und schon gar nicht über sich selbst. In seinem Gesicht zog bei der nicht zu übersehenden Schadenfreude der anderen ein schwarzes Gewitter auf. Die daraus schießenden Blitze würden mich treffen. Ganz sicher. Einer musste es abbekommen und das war in all den Jahren immer ich gewesen. Meine Schultern kamen mir manchmal vor wie ein Fels, der allem standhielt, doch nun spürte ich, wie das Gestein zu bröckeln begann. Ich konnte nicht mehr. Ich wollte nicht mehr.

Meine vorsorglich eingepackten trockenen Sachen verschmähte Hugo mit den Worten: »Ein echter Ostfriese widersteht Sturm und Wasser. Die Haut ist von Wind und Wetter gegerbt!« Dann stimmte er das Niedersachsenlied an: »Wir sind die Niedersachsen, sturmfest und erdverwachsen.« Mein Gott war das peinlich. Woher er das hatte, wusste ich nicht, doch ich konnte mir kaum vorstellen, dass sich in seinen Reiseführern solche Weisheiten verbargen. Und wieso Niedersachsen, wo er doch Ostfriese … Er brachte schon alles durcheinander.

Das Melken der Kuh *Elsa* wirkte eher wie ein Zweikampf, den Löffeltrunk kippte er sich fast an die Ohren, weil seine Hände vor Kälte zitterten. Nicht mal sein so akribisch studiertes Plattdeutsch klang mehr platt. Wanne-Eickel war tonangebend. Ich glaube, meine Worte kamen erheblich fließender.

Anschließend ließ Hugo sich doch erweichen und schlüpfte in die trockenen Sachen. Während alle Teilnehmer scherzten und sich über sich selbst totlachten, motzte mein Mann nur herum. Er sei nur von Dilettanten umgeben, keiner würde diese wichtige Prüfung ernst nehmen und nur er allein habe das Zeug, ein wirklicher und wahrer Ostfriese zu werden. Die mitleidigen Blicke der Mitstreiter in meine Richtung trafen mich wie Messerstiche.

In der Gaststätte nahmen wir am Prüfungsfach *Ostfrieslandkunde* teil. Mich wunderte, wie viel mehr ich wusste als Hugo. Er hatte sich mittlerweile in seine Wut hineingesteigert, dass er einen Fehler nach dem anderen beging.

Nicht einmal die ostfriesische Teezeremonie bekam er richtig hin. Lang und breit war uns die Bedeutung des Löffels erklärt worden, was es mit der *Wulkje* auf sich hat und wann der *Kluntje* in die Tasse musste.

Hugo aber machte alles falsch. Seine Blamage und das Scheitern beim Padstockspringen hatte ihn völlig aus der

Bahn geworfen. In ihm brodelte die unglaubliche Panik, dass er in diesem Abitur durchfiel. Hugo zeigte Nerven, Hugo hatte einen Blackout. Er verpasste folglich, den *Kluntje* beizeiten in die kleine Tasse zu legen, er rührte die *Wulkje* um, und weil er den Löffel nicht abschließend als Zeichen, dass er fertig war, in die Tasse stellte, trank er noch immer den gerührten Tee, als wir schon lange die Krabben pulten.

Ich raunte ihm irgendwann zu: »Hugo! Nicht umrühren! Hör auf, diese Sahnewolke zu zerstören! Lege den Löffel in die Tasse, dann hören sie auf, dir nachzuschenken!«

Fast dankbar sah er mich an und tat wie ihm geheißen.

Nachfolgend fiel es ihm schwer, seinen Krabbenanteil zu bewältigen, verlor sich in Belehrungen darüber, dass man hier eigentlich keine Krabben pulte, sondern diese Tiere aus biologischer Sicht Granat waren. Das wollte natürlich niemand hören, weil es auch egal war.

Die Abiturszeugnisübergabe verlief folglich eher disharmoniert; Hugo hatte mit Abstand den schlechtesten Abschluss. Den Gesichtern der Prüfer nach zu urteilen freuten sie sich, ihm damit eins auszuwischen, denn sie hatten sicher noch nie ein solch anstrengendes und humorloses Abitur gehabt. Drei Prüfungen mit einem Typen wie meinen Mann und sie konnten den Laden dichtmachen.

Hugos Miene verfinsterte sich zusehends und immer stärker geriet ich in die Schusslinie seiner Angriffe. »Du siehst schließlich aus wie eine Ruhrpott-Mama mit deinen dicken Oberarmen und der Oberweite«, beschimpfte er mich.

Wieder trafen mich mitleidige Blicke, doch keiner sagte etwas. Auch nicht, als Hugo noch tiefer schlug. »Die Maria, die mag dat ja so gerne, wenn man die an den Allerwertesten packt!«

Ich kniff die Lippen zusammen. »Ich denk, du bist Ostfriese!«, zischte ich ihm zu, weil er in seiner Wut zurück in die Wanne-Eickeler Muttersprache gefallen war.

Er überlegte kurz und radebrechte: »Maria findet dat moi, wenn ...«

Es reichte. Die gerade gereichte Bohnensopp, ein hochprozentiger Branntwein mit Rosinenmischung, kippte ich mir in den Hals, schnappte mir sein Glas gleich auch noch und ignorierte Hugos weiteres Gepöbel: Sein abfälliges »Touristenossis« war noch das Harmloseste, was er sagte. So überhörte ich zunächst seine entscheidende Aussage.

»Ich bin mittlerweile mit der Kultur und allem vertraut, spreche die Sprache, kenne die Lebensart. Ich habe Ostfriesisch quasi studiert und begonnen, meine Wurzeln in den Marschboden zu schlagen. Außerdem kaufe ich mir ein Haus hier.«

Doch als ich realisierte, was er da von sich gegeben hatte, schrak ich sehr wohl zusammen. »Kannst du das bitte noch einmal ganz langsam wiederholen?«, fragte ich.

»Ich kaufe ein Haus in Werdum. Gleich in der Nähe der Schmiede, die wir besichtigt haben. Dort hat es mir besonders gut gefallen. Denk nur an die wunderbare Häuptlingsburg! Das fandest du durchaus auch spannend.«

»Hugo, so etwas spricht man ab!« Ich war fassungslos.

»Ich habe schon unterschrieben. Als du lieber in der Sauna warst! Und schließlich haben wir nun beide das Ostfriesenabitur bestanden! Es gibt keine Hindernisse mehr, in diese fremdartige Kultur völlig abzutauchen und eins mit ihr zu werden. Wir sind ohnehin zu eingefahren gewesen die letzten Jahre.«

»Wir haben ein Reihenhaus in Wanne-Eickel«, erwiderte ich mit leiser Stimme. »Wir besitzen außerdem unseren kleinen Schrebergarten in der *Glück-Auf Kolonie*. Wir sind im Kegelclub *Neunerglück*, von den Tauben ganz zu schweigen. Ich gehe nicht fort aus Wanne-Eickel!«

»Doch, du gehst. Weil alles in trockenen Tüchern ist. Ich habe beschlossen, mein Urlaubsland zu meiner Heimat zu machen, jetzt, wo ich nicht mehr fliege! Ich denke, ich habe eine wunderbare Hochkultur für unsere Zukunft ausgesucht. Wat mutt, dat mutt, wie der Ostfriese so schön sagt! Sei zufrieden!«

Ich schluckte und für einen Moment hegten sich Zweifel an meiner Sichtweise. Sollte ich dankbar sein, weil Hugo sich nur für Ostfriesland und nicht für die Mayas entschieden hatte? War es rücksichtsvoll von ihm, dass ich nicht in einem Indianerzelt neben einer Feuerstelle schlafen und keine Büffel zu häuten hatte? War es eine gute und liebevolle Entscheidung seinerseits, dass ich nicht bis an mein Lebensende in Havanna Cuba Libre trinken und Zigarren, die unter Anleitung einer kommunistischen Vorleserin gedreht wurden, rauchen musste?

Ostfriesland war vielleicht auch das geringere Übel zu den Inuits auf Grönland oder den Papuas auf Neuguinea. Alles Kulturen, die Hugo während unserer Reisen als studienwürdig empfand. Nun hatte er entschieden, dem kleinen Reihenhausleben in Wanne-Eickel Lebewohl zu sagen.

Wir verabschiedeten uns rasch von den Teilnehmern. In mir brodelte und kochte es. Am Ende meiner Gedankengänge war eines klar: Ich würde mein Reihenhaus in Wanne-Eickel niemals verlassen! Das Haus nicht und auch nicht den Kegelverein. Ich wollte weiter meine Tauben füttern und auf Schalke gehen.

Kaum saßen wir im Auto, das wir auf dem großen Parkplatz hinter der Stadthalle abgestellt hatten, sah ich meinen Mann ernsthaft an. »Ich ziehe niemals nach Werdum. Dann führen wir eben ab sofort eine Fernbeziehung!«

»In dem Fall können wir uns auch gleich scheiden lassen!« brummte er, drückte aufs Gaspedal und raste durch Wittmunds Straßen. »Überlege es dir!«

»Ein Ferienhaus, Hugo. Das würde gehen!«, sagte ich mit einem Hoffnungsschimmer in der Stimme. Dazu könnte er mich gerade noch überreden, selbst wenn es das Aus für alle weiteren Reisen in fremde Gefilde bedeutete.

»Das reicht mir nicht«, brummte mein Gatte. »Ich will hier leben, ich bin Ostfriese!«

»Ostfriese wird man nicht, Ostfriese ist man!«, behauptete ich kühn. Als ich das aussprach, hätte ich ihn ermorden können. Dieser Gedanke war mir in der letzten Urlaubswoche verdammt oft gekommen und wie ich ihn mit zusammengekniffenen Augen neben mir sitzen sah, war ich kurz versucht, ihm ins Lenkrad zu greifen. Nur hätte ich mich ja selbst gefährdet.

Hugo stoppte abrupt, bog ab.

»Wohin soll es nun gehen?«, fragte ich beklommen, denn mein Mann steuerte in ein stattliches Moorgebiet. *Ewiges Meer* 69 stand auf einem Hinweisschild.

»Ist ein Naturschutzgebiet, das du noch nicht kennst«, knurrte er. »Sollte man aber, wenn man hier heimisch werden möchte.«

Es war idyllisch an diesem Ort und ich hoffte, die Natur würde Hugos Gemüt beruhigen. Er fuhr an den Straßenrand und so begaben wir uns weiter zu einem großen Moorsee, blickten über die fast glatte Oberfläche des *Ewigen Meeres*. Mücken tanzten, surrten uns um die Köpfe.

»Und du willst wirklich nicht mit nach Werdum? Keine Ostfriesin werden?«, fragte er. Seine Stimme klang gefährlich ruhig, ein wenig traurig, doch mein Entschluss war unumstößlich.

»Nein, Hugo. An dieser Stelle trennen sich unsere Wege. So schön es in Ostfriesland auch sein mag, aber ich verlege meinen Lebensmittelpunkt nicht. Nicht einmal für dich. Ich gehöre nach Wanne-Eickel!«

»Dann löst du dich also hier und heute von mir?«

Ich nickte. Wagte es nicht auszusprechen.

Hugo legte den Arm besitzergreifend um mich. Ich verspürte großen Widerwillen. Es war unangenehm. Ich wollte plötzlich nicht von ihm berührt werden. Ich wollte mich nicht mehr von ihm gängeln lassen. Ich wollte ihn … los sein. Ich erschrak bei diesem Gedanken, denn ich war versucht, ihm einfach einen Stoß zu verpassen.

Doch bevor ich das Unsägliche zu Ende denken konnte, ließ er mich abrupt los und etwas Hartes knallte auf meinen Kopf.

Später erkannte ich, dass es ein dicker Ast gewesen war. Ich sah schwarz und eine Handvoll Sterne, bemerkte dieses helle Licht, von dem Sterbende so schwärmten, und hatte absolut keine Lust gegen das Gefühl anzukämpfen, dorthinzueilen. Über mir schwappte ein Schwall Wasser zusammen und mir blieb die Luft weg. Das Letzte, was ich als lebendiger Mensch sah, war sein wütendes Gesicht.

Ich kann Hugos Leben da unten nun verfolgen. Er lebt in Werdum, aber er wird und wird kein echter Ostfriese. Zu dem muss man eben geboren sein, und mit seinem Ruhrpottgemüt fehlt Hugo einfach die Gelassenheit. Hatte ich ihm ja gleich gesagt. Mich hat er als verschollen gemeldet, die befragten Abitursteilnehmer haben einstimmig ausgesagt, sie wären an meiner Stelle auch durchgebrannt.

Die Suche nach mir hat man eingestellt, niemand glaubte daran, dass er mir etwas angetan hatte. Meine Tauben und das Reihenhaus hat Hugo mittlerweile verkauft. Ich habe jetzt aber keine Zeit mehr und habe lange genug erzählt. Es ist ja nicht so, dass wir in der Ewigkeit Trübsal blasen. Ich habe gleich ein Date mit Dieter. Ein echter Kerl aus Wanne-Eickel! Er hat Engelstauben, die will ich mir mal ansehen.

FREIZEITTIPPS:

57 Carolinensiel Museumshafen
Zu Carolinensiel gehört auch Harlesiel. Der Ort verfügt über drei Häfen, wovon der schönste der Museumshafen ist mit seinen historischen Plattbodenseglern, eingebettet in typisch ostfriesische Wohnkultur mit alten Häusern. In der Adventszeit ist er wunderbar geschmückt und ein beleuchteter Weihnachtsbaum treibt inmitten der mit Lichterketten bestückten Schiffe. Im Sommer lockt das ganze Gebiet rund um den Hafen mit buntem Treiben und ansprechenden Cafés.

58 Deutsches Sielhafenmuseum Carolinensiel
Carolinensiel ist ein malerischer Sielort, der über die Harle Zugang zur Nordsee hat. Zu Carolinensiel gehört auch der Ortsteil Harlesiel, bekannt wegen der dortigen Fährverbindung zur Insel Wangerooge.

Das Meer, die Schifffahrt und das Leben an der Küste wird anschaulich im Sielhafenmuseum geschildert und gezeigt. Das Museum erstreckt sich über vier Häuser, die rund um den Museumshafen gelegen sind und unterschiedliche Themenkomplexe beinhalten.

1. Die alte Pastorei: Eine Ausstellung zum Schiffsbau und Handwerk mit Inszenierungen und Filmen

2. Das Groot Hus: Kornspeicher mit der Geschichte der Siele, des Hafens, Deichbau und Schifffahrt

3. Kapitänshaus: Hier wird das Leben an Land auf eindrucksvolle und vielfältige Weise dargestellt. Zu finden sind: ein Laden, eine Kneipe, eine Apotheke und vieles mehr. Interessant sind die Einblicke in die

Wohnsituation einer Kapitänsfamilie: Beispielsweise kann man deren gute Stube und die Küche bewundern.

4. Historische Rettungsstation an der Friedrichsschleuse: Rettungswesen als Multimedia-Präsentation.

Es ist darüber hinaus möglich, die Museen mit einer Karte auch an verschiedenen Tagen zu besichtigen. Mehr unter: www.deutsches-sielhafenmuseum.de

59 Neuharlingersiel Hafen

Neuharlingersiel hat nicht nur einen schönen Strand, der sowohl zum Baden als auch zum Spazierengehen einlädt. Der Ort verfügt zudem über einen wunderbaren Hafen mit voll funktionstüchtigen Kuttern, die noch regelmäßig in See stechen. Ein besonderer Genuss ist es, dort fangfrischen Granat zu erwerben, wenn man zur richtigen Zeit vor Ort ist.

Jeden Sonntag finden in der Saison die Hafenkonzerte statt. Danach oder zwischendurch laden urige Gaststätten im ganzen Ort zum Verweilen ein. Zum Beispiel kann der Gast in einem der zahlreichen Cafés eine original Ossi Torte schlemmen.

60 Esens /August-Gottschalk-Haus

Die Ausstellung zeigt das Leben der jüdischen Gemeinschaft in Ostfriesland in den vergangenen 400 Jahren. Das Gebäude diente als jüdisches Gemeindehaus und beherbergte die Lehrerwohnung, die Grundschule und das Ritualbad, auch Mikwe genannt. In den Räumen wird das alltägliche Leben bis zur Verfolgung im Dritten Reich deutlich. Die Glaubensvielfalt im historischen Ostfriesland ist generell ein großes Thema und ein wichtiges Kulturgut der Region.

61 Historisches Schmiedehaus Werdum

In Werdum besteht die Möglichkeit, einem Schmied bei der Arbeit über die Schulter zu schauen. Dieser Vortrag ist höchst unterhaltsam und wird am Ende oft mit einer musikalischen Darbietung des Schmiedes gekrönt. Wer mag, kann sich sein Hufeisen (oder was gewünscht ist) auch direkt dort schmieden lassen.

62 Häuptlingsburg Werdum

Werdum entstand im 13. Jahrhundert als Warftensiedlung. Bestechend ist die Häuptlingsburg in Edenserloog, die um circa 100 Jahre jünger ist. Sie ist bis heute bewohnt. Der damalige Häuptling von Werdum war als Schriftsteller bekannt und trug so dazu bei, das der Ort eine lange Zeit den Ruf eines kulturellen Zentrums in der Region genoss. Noch eine kleine Erläuterung zum Begriff des Häuptlings: Einige reiche Bauern Ostfrieslands gingen im 14. Jahrhundert dazu über, feste Burgen zu bauen und eigene, niedere Gerichtsbarkeiten zu installieren. Sie bestimmten in ihrem Gebiet die vorherrschende Religion und ahndeten kleinere Delikte.

Ihre Burgen mit den dazugehörigen Ländereien nennt man bis heute *Herrlichkeiten*. Die dort Herrschenden bezeichnete man damals als Häuptlinge. Sie rückten sich selbst in die Nähe des Adels, ihre Macht stützte sich in der Regel aber auf dynastischen weitervererbten Besitz. Der gemeine Bauer wurde nur als Untertan gesehen. Die Häuptlingsfamilien entwickelten untereinander häufig Fehden, die teilweise in kriegerische Auseinandersetzungen ausarteten.

63 Langeoog Boßeltour

Was wäre Ostfriesland ohne seinen Nationalsport, das Boßeln. Nicht nur auf den Inseln, auch auf dem Festland findet man diesen Sport, der den ganzen Winter über betrieben wird. Dazu werden Holz- oder Gummikugeln über die Straße geworfen, Profis schaffen dabei wirklich lange Würfe. Markierungen auf dem Asphalt dienen als Nachweis. Natürlich gibt es viele Hobbyboßler, die sich zum Spaß an den Wochenenden auf den friesischen und ostfriesischen Straßen tummeln. Dabei ziehen sie einen Bollerwagen, gefüllt mit Spirituosen und belegten Brötchen, hinter sich her und genehmigen sich immer mal einen Schluck. Nach der Tour trifft man sich zu einer deftigen Grünkohlmahlzeit.

Aber es darf nicht vergessen sein, dass Boßeln ein alter und von etlichen Vereinen als ernsthafter Sport betrieben wird. Auf Langeoog bietet sich die Möglichkeit, einmal reinzuschnuppern!

Anmeldung und Eintrittskarten erhalten Sie an der Insel-Info in der Barkhausenstraße 6.

64 Langeoog Wasserturm

Der Wasserturm ist schon von Weitem gut zu erkennen, die Hauptstraße führt direkt darauf zu. Er steht erhaben auf der Kaapdüne, gleich dahinter erschließt sich ein kleines Dünengebiet mit dem angrenzenden, wunderbaren Strand der Insel. Von der 23 Meter hohen Aussichtsplattform hat man einen einzigartigen Blick über die Nordsee, die Insel, bis hin zum Festland. Auf der kleineren Plattform schmücken unzählige Schlösser das Gitter, die Verliebte hier als ewigen Beweis ihrer Zuneigung angebracht haben. Heult der Wind durch die Stäbe des Handlaufs, erklingt eine schaurige Melodie.

65 Langeoog mit Seehundsplattform

Am Ostende Langeoogs (Osterhook) befindet sich eine Aussichtsplattform, von der aus es möglich ist, Seehunde auf den Sandbänken zu beobachten. Natürlich kann man auch mit dem Ausflugschiff zu den Seehundbänken schippern und dabei allerlei Wissenswertes über das Watt und die Tiere erfahren.

66 Der Osten Langeoogs per Rad

Eine zu empfehlende Radroute führt in den Osten. Sie schlängelt sich durch eine einzigartige Dünenlandschaft. Der Radfahrer kann am Schloopsee Halt machen und der höchsten Düne Langeoogs, der Melkhörndüne. Ganz am Ende erwartet den Besucher die Seehundplattform, zuvor führt die Strecke an einer der größten Vogelkolonien vorbei, die man aber bitte nicht betreten sollte.

67 Wittmund / Ostfriesenabitur

In Ostfriesland kann man sein Abitur nicht nur an der Schule bauen. Es gibt eine weitere Variante, die angeboten wird – das Ostfriesenabitur in Wittmund.
Man stelle es sich nicht ganz so einfach vor, denn es

sind einige Schwierigkeiten zu meistern. Das Abitur teilt sich auf in den Freiluftteil und den in einer Gaststätte. Der Anwärter hat eine ganze Reihe Aufgaben zu bewerkstelligen, wozu unter anderem Straßenboßeln, Padstockspringen und Krabbenpulen gehören. Aber auch eine Prüfung hinsichtlich der Plattdeutsch-Kenntnisse fehlt nicht. Am Ende erfolgt die feierliche Übergabe des Prüfungszeugnisses. Wiederholer werden gesondert prämiert.

Mehr unter: www.wittmund-tourismus.de

68 Esens / Skulpturenpfad

Esens wurde um 800 gegründet und schlummert inmitten Ostfrieslands. Empfehlenswert ist der außergewöhnliche Skulpturenpfad mit seinen sieben unterschiedlichen Exponaten. Alle Skulpturen haben mit der Stadt und der Region zu tun. Da gibt es die des kommenden und gehenden Wassers oder die des Lampenturms, der eine Doppelbedeutung hat: Er soll auf die Seeschifffahrt hinweisen, aber auch an das Wirken der Astronomen David und Johannes Fabricius erinnern.

69 Ewiges Meer

Das Ewige Meer ist mit einem Satz zu beschreiben. Er dient zugleich als Werbeslogan: *Hier dürfen Sie gar nichts – und das ist gerade das Schöne daran.*

Das Ewige Meer gehört zum Needorfer Hochmoor und befindet sich im Landkreis Wittmund zwischen Aurich und Westerholt. Es ist ein riesiger Moorsee, als Naturschutzgebiet ausgezeichnet und nur auf gekennzeichneten Bohlenwegen von der Nordseite aus zu betreten. Von dort kann man die Flora und Fauna des Moores auf wunderbare Weise genießen. Reste eines alten Bohlenpfades lassen vermuten, dass Menschen schon 3.000-2.500 vor Christus versucht haben, sich das Gebiet mittels eines Weges zu erschließen.

7 NORDEN / NORDDEICH

Norden gehört zu den ältesten Städten in Ostfriesland. Sehenswert ist der große Marktplatz mit den historischen Gebäuden, wie dem Glockenturm, der Mennonitenkirche und dem *Vossenhus*, das heute die Bibliothek beherbergt.

In Norden gibt es zahlreiche Museen, die einen Besuch lohnen. Besonders zu empfehlen ist das Teemuseum, denn Teetrinken ist ein fester Bestandteil der ostfriesischen Lebensart. Aber auch ein einfaches Schlendern durch die historische Altstadt mit den wunderbaren Bauwerken lohnt sich.

Von Norden aus sind zahlreiche Radtouren zu empfehlen, Moore, die See und der Deich sind nicht weit entfernt. Hinzu kommt das Angebot, mit der Museumseisenbahn zu fahren oder an einer der Stadtführungen teilzunehmen.

In Norddeich befindet sich die Seehundaufzuchtstation sowie das *Ocean Wave*, ein Erlebnisschwimmbad. Auch der Erlebnispark mit Irrgarten, Golfplatz und einem Märchenschiff ist einen Besuch wert, genau wie das *Waloseum*, in dem das Skelett des vor Norderney gestrandeten Pottwals ausgestellt ist. Nur ein paar Schritte weiter liegt der schöne Strand mit einem direkt am Deich angegliederten Schwimmbad und östlich davon ein wunderbarer Campingplatz.

Von Norddeich aus verkehren die Fährschiffe nach Norderney und Juist. Seit 2010 darf sich Norden-Norddeich auch Nordseeheilbad nennen.

Anreise:
 Mit dem Zug: Ein IC fährt bis Norden und weiter bis Norddeich Mole
 Mit dem PKW: Ein Stück Landstraße nach der Autobahn ist notwendig, aber die Strecken sind gut ausgebaut.

Kontakt:
 Kurverwaltung Norden-Norddeich
 Dörper Weg 22
 26506 Norden-Norddeich
 Tel.: (0 49 31) 98 6-2 00
 E-Mail: info@ norddeich.de
 www.norden.de
 Oder
 Tourist-Information Norden
 Am Markt (im Marktpavillon)
 Tel: 04931 / 986-201

STURMFLUT

Der Nikolaussturm war in den Medien als der Jahrhundertsturm angekündigt und Klaas hatte schon in den Tagen zuvor alle Vorkehrungen getroffen, wie er es immer tat, wenn ein Orkan bevorstand. Die Wettervorhersage war das Erste, was er sich täglich anhörte und im Fernsehen verfolgte. Orkantief Christian hatte sie einst das Fürchten gelernt, doch dieses Mal sollte mit Xaver eine große Sturmflut hinzukommen, die alles in den letzten Jahren Dagewesene übertraf. Klaas fürchtete die Naturgewalten und hatte ein besonders ungutes Gefühl. Die Wolken am Himmel verhießen nichts Gutes, sein linker Zeh schmerzte, wie immer, wenn ein Wetterumschwung bevorstand. Sturm Christian war von Südwesten gekommen, aber Xaver würde von Nordwest auf die Küste zustürmen und die Wassermassen in die Deutsche Bucht drücken. Drei Tiden lang mussten die Deiche halten, dazu kam eine Springflut, denn es war Neumond. Man sprach von Respekt vor den Naturgewalten, bei Klaas war es die nackte Angst.

Und wer wusste, ob Xaver nicht noch heftigere Windgeschwindigkeiten mit sich brachte, als Christian fünf Wochen zuvor. Dabei war selbst eine der Zwillingsmühlen in Greetsiel stark beschädigt worden. Der gesamte Mühlenkopf war abgebrochen und heruntergeknallt.

Klaas wohnte am Norder Marktplatz, in der Nähe der *Dree Süsters* **70**. Der Weihnachtsmarkt an der Ludgerikirche **71** war schon aufgebaut, er würde aber sicher morgen geschlossen bleiben. Klaas hoffte das, denn nichts war wichtiger, als wirkungsvolle Sicherheitsvorkehrungen zu treffen. Wenn der Sturm erst da war, kümmerten die Menschen sich nur noch um ihre eigenen Belange.

Klaas trat vor die Tür, sah, wie eine Schulklasse die Stadtbibliothek im *Vossenhus* **72** verließ. Den aushängenden Plakaten nach waren sie bei einer Autorenlesung gewesen. Mittlerweile hatte Regen eingesetzt, der wie in Schnüren vom Himmel fiel. Es war ungemütlich in Norden am heutigen Mittag. Doch das Leben wirkte unbeschwert, alles ging seinen Gang, als käme morgen keine Katastrophe auf die Stadt zu. Er würde in der kommenden Nacht vor Sorge kaum ein Auge zutun. Ja, er fürchtete sich vor dem Orkan. Wie jedes Mal, wenn einer kam. Niemals ließ ihn das los. Genau wie die Wut, die damit einherging. Ein aufglühendes Feuer, wofür er stets ein paar Tage brauchte, um es in den Griff zu bekommen.

Der 6. Dezember begann zunächst ruhig. Noch wehte kein besonderes Lüftchen, noch ahnte der Unkundige nichts. In Klaas aber tobte es bereits.

Der Fährverkehr nach Juist und Norderney war eingestellt. Das Mittagshochwasser stieg bedrohlich, in der Nacht erwartete man eine hohe Flutwelle mit besorgniserregenden Wasserständen.

Gegen Mittag verstärkte sich der Wind, teilweise fegten heftige Orkanböen über das Land. Mit jeder Böe wuchs in Klaas dieses unheilvolle Gefühl, das er so gern vergessen und beiseiteschieben wollte. Es einfach nicht vermochte. Es kreiste um Karola. Karola, Karola. So konnte er keine Deichaufsicht übernehmen. Das Leben ging weiter. Auch ohne sie. Er musste sich zusammenreißen.

Vor dem Teemuseum **73** trieb sich eine Gruppe von drei

jungen Leuten herum, bewaffnet mit Kameras, Ferngläsern, Thermoskannen und dicken Jacken. Katastrophentouristen, wie sie jetzt zuhauf einfielen. Klaas hasste sie.

Die Einheimischen waren schon seit gestern damit beschäftigt, sich gegen den Sturm und das drohende Hochwasser zu rüsten. In der kommenden Nacht war es ihnen nicht vergönnt zu schlafen, weil niemand einschätzen konnte, was passieren würde. Die Freiwillige Feuerwehr, der er sich seit langer Zeit angeschlossen hatte, würde mit anderen die Deichlinie bewachen. Hoffen, dass alle Vorkehrungen griffen und die See sich an die Grenzen hielt. Denn brach ein Deich ... die Katastrophe wäre unvorstellbar.

In großer Anspannung erwarteten die Norder Bürger nun den Orkan, diskutierten, ob er heftiger wüten könnte als Christian. Erste Stimmen wurden laut, man hätte die Schulen auch geöffnet lassen können, weil der Wind doch nicht so schlimm wie erwartet tobte.

Klaas hasste diese Sprüche. Es war besser, Vorsorge zu treffen, als Menschenleben zu riskieren. Jeder Tote war einer zu viel. Die Gefahr zu ignorieren war riskant. Was bedeuteten schon ein paar ausgefallene Schulstunden?

Damals hatten sie nicht gewarnt. Als Quimburga 1972 über Norddeutschland fegte. Karolas Name würde ewig mit damit in Verbindung stehen. Und mit sämtlichen Stürmen, die die ostfriesische Halbinsel danach noch heimgesucht hatten. Klaas hatte viele Jahre gebraucht, zu begreifen, dass der Tod unumstößlich war. Dass Karola wirklich nicht wiederkam. Bis heute wachte er morgens auf, tastete das Bett ab, hatte ihren Geruch in der Nase. Hin und wieder begrüßte er sie auch, aber wenn er dann den Blick wandte, war das Kissen neben ihm leer. Das Bett, die Wohnung. Sogar im Bad fehlte das zweite Handtuch. In der Küche ihre Tasse. Und so setzte sich das Fehlen auf unerträgliche Weise fort.

Er träumte nachts vom Sturm, davon, wie Dächer abgedeckt wurden und Bäume abknickten. Er entwickelte sich zu einem Wetterexperten, meldete sich zu Freiwilligendiensten und wusste doch, dass es nichts brachte. Er konnte Karola nicht zurückholen. Quimburga hatte sie mitgenommen. Für immer. Sie hatte das Wetter nicht ernst genommen. Klaas hatte angenommen, sie sei zu Hause bei ihrer Mutter und warte den Sturm ab, Handys gab es damals noch nicht. Sie aber war einfach losgefahren und keinen Kilometer weit gekommen, als ihr Wagen von einer Böe erfasst und gegen eine dicke Kastanie geschmettert worden war. Irgendwo zwischen Aurich und dem Brockzetelermoor.

Die Unbekümmertheit der Menschen im Umgang mit diesen Witterungen erweckten in Klaas Aggressionen. Denn wenn etwas geschah, wer würde helfen?

Kündigte nun der Wetterdienst einen Orkan mit Sturmflut an, meldete Klaas sich zur Deichinspektion. Ohne Freiwillige ging es nicht. Sie riskierten dabei manchmal ihr Leben. Diese Katastrophentouris aber sahen nur den Spaß. Freuten sich, wenn sie sich an den Wind lehnen konnten, betrachteten das Tosen der See als lustiges Spiel, brachten sich selbst in Gefahr. Klaas ballte die Fäuste.

Er musste sofort los nach Norddeich zur Lagebesprechung. Zwangsläufig führte sein Weg an der Gruppe vorbei. Einer der jungen Männer sprach ihn gleich an. »Moin! Können Sie uns weiterhelfen? Die Stadtführungen 74 finden ja wohl nicht mehr statt und die Fahrt mit der Museumseisenbahn 75 haben sie ebenfalls eingestellt. Cool wäre es zu sehen, wie das Meer aussieht, wenn die Böen darüber peitschen.« Der Mann bemerkte Klaas' finsteren Blick nicht, redete unbekümmert weiter: »Wie kommen wir jetzt nach Norddeich? Da ist nachher sicher richtig was los!«

Klaas hielt die Luft an, schluckte. »Am besten gar nicht«, quetschte er schließlich hervor. »Aber falls ihr euch dorthin bewegen wollt, schlage ich vor, dieses Event dafür zu nutzen, zum Erlebnispark 76 zu gehen und sich dort den Hals zu brechen oder sich ein Märchen anzuhören.«

Die Gruppe sah ihn fragend an. »Ich rede von dem Märchen mit den dummen Touristen, die nicht wahrhaben wollen, dass in Norden gerade Notstand ist und wir in der kommenden Nacht vielleicht ums nackte Überleben kämpfen werden.«

Die junge Frau in der Gruppe bekam große Augen, ihre Norwegermütze verrutschte vor Aufregung. »Wird das richtig gefährlich? Ich meine so ganz wirklich?«

»Natürlich. Wir haben die höchste Warnstufe. In einer Stunde bläst es hier so stark, dass jeder, der nicht draußen sein muss, jetzt besser ins Haus geht und hofft, dass die Dachpfannen halten. Ihr wisst nicht, wie grausam der Orkan und die Flut sein können. Ich spreche aus Erfahrung!«

Die junge Frau hüpfte aufgeregt auf und ab. »Das klingt ja super spannend! Und Sie haben wirklich schon mal was furchtbar Schlimmes erlebt?« Sie bemerkte Klaas' wütenden Blick nicht, sondern wandte sich direkt an den Mann neben ihr. »Ach, bitte Knut! Lass uns ganz schnell nach Norddeich fahren! Was für ein Abenteuer!«

Knut grinste breit. »Machen wir, Lena. Wir sind ja keine

Schissbüxen. Da haben die Nordlichter ja offenbar mehr Angst als wir, obwohl sie sich doch sonst immer damit brüsten, dass ihnen so 'n bisschen Wind gar nix ausmacht!«

»Bitte! Das ist kein Spaß!«, versuchte Klaas es ein weiteres Mal.

»Vielleicht hat der Deichmann da recht!«, meldete sich jetzt der andere junge Mann zu Wort. Er war blass geworden, blickte sich besorgt um, als ein Ast brach und auf der Straße zerbarst.

Lena schmiegte sich an Knuts Arm. »Lass Lutz reden! Was wir hier erleben, das hat Stil! Was meinst du, wie uns der Rest beneidet, wenn wir dabei waren! Wir werden richtig was zu erzählen haben.« Ihre Augen leuchteten vor Abenteuerlust.

»Bleibt mit dem Arsch zu Hause!«, riet Klaas ein weiteres Mal. Und wie zur Bestätigung rollte die nächste Windböe dröhnend über den Marktplatz und warf eine der aufgestellten Weihnachtstannen um, wirbelte sie kurz durch die Luft und schob sie ein Stück vor sich her. »Es ist gefährlich. Macht, dass ihr zurück in euer Hotel kommt! Das ist hier kein Abenteuerurlaub!«

Lutz verabschiedete sich augenblicklich, während Lena und Knut mit den Schultern zuckten und mit ihm von dannen schlurften. Nur wenige Meter entfernt drückte eine Böe die junge Frau auf die Straße. Reifen quietschten, das herannahende Auto konnte gerade noch stoppen. Klaas stockte der Atem, doch die zwei lachten nur und zogen ihres Weges. Er war sich sicher, sie später in Norddeich anzutreffen.

Das Mittagshochwasser hatte bereits einen hohen Pegelstand gehabt. Was jedoch in der Nacht an Wucht und

Naturgewalt auf Norddeich zukommen sollte, beunruhigte selbst die gelassensten Gemüter. Natürlich liefen auch Lena und Knut auf der Deichkrone herum, nachdem sie sich am Nachmittag für ein paar Stunden in ein Café verzogen hatten. Jetzt aber steuerten sie direkt auf Klaas zu. Das Mädchen hatte getrunken, ihr wankender Gang war nicht nur auf den heftigen Wind zurückzuführen. »Sag mal, du Deichwächter«, lallte sie, »hübsch ist der Südwester auf deinem Kopf. Kann es eigentlich passieren, dass die Flut wieder so einen großen Pottwal, wie der im *Waloseum* **77**, an den Strand wirft?«

»Blöde Frage. Geht nach Hause! Es gibt nichts mehr zu sehen!«, herrschte Klaas die beiden an. Sie winkten ab, murmelten so etwas wie »Spaßbremse«, und verabschiedeten sich in Richtung Hafengelände.

»Ihr sollt nach Hause gehen!«, schrie Klaas ihnen nach.

Knut drehte sich noch einmal um, machte ihm eine lange Nase. Er begann zu singen. Die Melodie hatte er von *Ich möchte ein Eisbär sein* geklaut, dazu trällerte er: »Ich möchte ein Drachen sein, am Norddeicher Strand!« Er breitete die Arme aus und tat, als ob er flöge. »Ich war im August schon hier, beim Drachenfest **78**! Da hätten sie einen solchen Wind gebraucht!«

Klaas wandte seinen Blick zum Meer. Noch war Ebbe, noch bestand keine Gefahr, zwischenzeitlich hatte der Sturm sogar nachgelassen, aber nun kam eine schwarze Gewitterfront unaufhaltsam auf sie zu. Das Donnern klang wie das Herannahen eines Güterzuges. Der erste Hagel prasselte aufs Pflaster, begleitet vom Dröhnen des Orkans, der seinen Schlund öffnete, als wolle er alles verschlingen. Klaas suchte Schutz, eine Dachpfanne knallte neben ihm auf den Weg.

Es war besser, sich zurückzuziehen und den Schauer abzuwarten. Er lief ein Stück zurück bis zur Seehundstation 79 . Dort kauerten noch mehr Menschen herum. In Klaas kam Panik auf. Begriffen die denn gar nicht, in welcher Gefahr sie sich befanden? Wenn auch nur einem von ihnen etwas geschah! Hier sollten sich jetzt nur die aufhalten, die zum Schutz der Insel eingesetzt waren!

Er eilte am roten Turm des *Ocean Wave* 80 vorbei. Sein zu bewachender Abschnitt lag in Richtung Campingplatz 81 . Nach und nach leerte sich der Weg, die meisten blieben doch lieber in der Nähe der Uferpromenade.

Es war dunkel geworden, immer wieder peitschten Klaas Windböen mit großer Wucht entgegen. Er musste sich vornüberbeugen, um voranzukommen. Obwohl noch kein Hochwasser war, schob sich die See bereits bis ans Ufer. Die Schotten am Hafen waren geschlossen. Klaas war allein mit sich und dem Wind. Mit seinen Gedanken und Erinnerungen. Ihm lief das Wasser übers Gesicht, er hörte das Tosen der Brandung, spürte die klamme Kälte, denn die Temperatur sank mehr und mehr.

Klaas fixierte die See, wünschte, sie würde sich zurückziehen, dass ihre gierige Zunge keine Macht besäße. Doch natürlich blieb sein Wunsch unerhört: Er geschah einfach nicht. Xaver nahm immer stärker an Fahrt auf, die zwischenzeitliche Flaute vorhin war nur eine kurze Atempause gewesen.

Klaas behielt die Situation gut im Auge. Die verschwommenen Lichter von Norddeich zauberten im Schneetreiben eine gespenstische Atmosphäre. Auch die letzten Schaulustigen verzogen sich, es wurde ungemütlicher. Klaas war froh darüber, vor allem, weil die betrunkenen jungen Leute ebenfalls weg waren.

Plötzlich hörte er Stimmen. Nein, nicht Stimmen, ein Jaulen. Ein leises Wimmern ... Es musste ganz aus der Nähe kommen, denn das Tosen des Orkans übertönte mittlerweile alle Geräusche, die von weiter weg kommen mochten. Klaas versuchte sich zu konzentrieren. Es war schwer, die Richtung zu ermitteln, woher die Laute kam. Mal schienen sie von der Seeseite herüberzuwabern, mal vom Deich. Klaas hielt seine Taschenlampe in den Schauer, der Wind nahm ihm beinahe den Atem. Er konnte sich nur mit Mühe auf den Beinen halten, weil die Böen ihn fast umwarfen.

Schließlich krabbelte er auf allen Vieren weiter, so lange, bis er auf eine Gestalt zurobbte, die zusammengekrümmt am Deichfuß auf der Erde lag. »Wer sind Sie? Geht es Ihnen gut?«, fragte Klaas. Er drehte sie auf den Rücken und erkannte Lena. Ihr Gesicht war schlammig und nass, in ihren Augen stand die nackte Panik.

»Was tust du hier so allein?«, schrie Klaas. Er sah sich suchend um, doch von ihren Freunden war keiner zu sehen.

»Er hat mich liegen gelassen!«, wimmerte sie.

»Warum?«

Sie antwortete nicht.

Klaas musste zusehen, dass er sie in Sicherheit brachte. Ansonsten bestand die Gefahr, dass sie erfror oder ertrank, wenn das Wasser zu hoch auflief. Er sah sich um, doch der Campingplatz 81 lag dunkel vor ihnen, sie befanden sich allein hier. Klaas half Lena auf, sie knickte augenblicklich mit den Beinen weg.

Schließlich aber legte sie ihren Arm um seinen Hals und ließ sich von ihm wegschleifen. Dabei bemühte sich Klaas, ihr ein paar Informationen zu entlocken.

»Ich bin umgeknickt«, sagte sie. »Knut wollten Hilfe holen ...«

»Und er ist nicht zurückgekommen?«, fragte Klaas.

Die junge Frau nickte. »Es war vermutlich zu gefährlich. Der Wind ist so stark!«

Klaas schluckte, verdrängte das, was sich jetzt unaufhaltsam nach oben arbeitete. »Er kann dich doch nicht einfach hier am Deich liegen lassen. Und dazu auf der Seeseite!« Klaas strauchelte, denn eine besonders heftige Böe riss ihm beinahe die Beine weg.

»Er hatte solche Angst!«, weinte Lena. »Das Meer ist so laut! Die Wellen so hoch!«

Klaas hatte sich wieder in der Gewalt und schleppte sie weiter. Schritt für Schritt stapfte er gegen den Wind, der starke Nordweststurm war auch auf der Landseite übermächtig. Der Schneefall war in eine Mischung aus Sprühregen und Graupel übergegangen und behinderte die Sicht nach wie vor.

Kurz vor der Strandpromenade kämpfte ein Mann mit dem Sturm. Er wankte bedenklich hin und her. Je näher Klaas kam, desto sicherer war er, dass es sich um Knut handelte.

Er verharrte am Deich, bewegte sich keinen Schritt vorwärts. Auch nicht, als er Klaas und Lena erkannte. Mit vor Angst weit aufgerissenen Augen starrte er die beiden an, begann zu weinen, als er seine Freundin so schlimm zugerichtet sah.

War Klaas bislang noch sehr damit beschäftigt gewesen, heil in Norddeich anzukommen, wurde diese Absicht nun von einer Wut abgelöst, die sich seit so vielen Jahren in ihm aufgestaut hatte. Er ließ die junge Frau los und ballte die Faust. Ehe er das Gefühl unter Kontrolle hatte, hieb er sie dem erstaunten Mann mitten ins Gesicht. Der ging augenblicklich zu Boden, während Klaas ihm seine Stiefel in die

Flanke stieß. Er geriet in einen Rausch. Sah das leere Bett vor sich, die Kälte seiner Wohnung. Er befand sich erneut im Jahr 1972, als Quimburga tobte. Die Stimme des Polizisten drang an sein Ohr, als stünde er noch neben ihm. »Ihre Lebensgefährtin ist gegen einen Baum gefahren. Eine Böe muss sie von der Straße gedrückt haben. Sie ist tot.«

Er sah nur ein Bild. Das des Polizisten mit der Mütze in der Hand. Und er hörte dieses grausame Wort. »Tot!«

»Bestand denn keine Möglichkeit, sie zu retten?« Klaas Stimme hatte flehend geklungen, voller Hoffnung, ihr wäre alles Leid erspart geblieben.

»Ja, vielleicht. Wenn ihr jemand geholfen hätte. Sie hat vermutlich noch eine Weile gelebt. Es gibt Spuren, dass sie sich hatte befreien wollen. Aber es hat wohl niemand angehalten, nicht bemerkt, was für ein Drama sich im Wagen abspielte. Vermutlich hatten alle Angst und sind kopflos vorbeigefahren, weil der Sturm so heftig war, ein Baum nach dem anderen entwurzelt wurde und auf die Straße kippte.«

Wieder traf sein Fuß den vor ihm liegenden Körper. Dieses Mal war es der Kopf. Von Weitem ertönte ein Schreien, doch das kam bei ihm nicht an. Er wusste weder, wer es war, noch warum derjenige geschrien hatte. Es war unmöglich, Realität und Gedanken voneinander zu unterscheiden.

Er war wie von Sinnen. Es war, als trete er all seine Wut auf die Menschen, die seiner Karola nicht zur Hilfe geeilt waren, zusammen. Als träfe er all die, die sich nicht rechtzeitig um eine Warnung an die Bevölkerung gekümmert hatten.

Irgendwann bemerkte er Lena an seinem Arm. Sie war es, die so beharrlich schrie, ihn biss und umklammerte. »Hören Sie doch auf, er bewegt sich gar nicht mehr! Aufhören!«

Klaas hielt inne. Der Orkan hatte an Stärke zugelegt, es gab nur noch ihn und das laute Tosen der See. Vor ihm lag blutüberströmt der junge Mann. Als er sich zu ihm herunterbeugte, atmete der nicht mehr. »Er hätte dich verrecken lassen da draußen«, flüsterte er. »So wie sie Karola sterben ließen. Ganz allein im Sturm. Das hier ist kein Spaß. Das ist bitterer Ernst.«

FREIZEITTIPPS:

70 **Drei Schwestern** (Dree Süsters)
Drei Gebäude stechen am Norder Marktplatz besonders hervor. Es handelt sich dabei um die *Dree Süsters*, die drei Schwestern, die man wegen der großen Ähnlichkeit so genannt hat, obwohl sie zu verschiedenen Zeiten erbaut worden sind. Das älteste ist das linke Haus von 1570, das in der Mitte stammt aus dem Jahr 1630.

71 **Ludgeri Weihnachtsmarkt in Norden**
Wer zur Weihnachtszeit in Norden ist, sollte sich den Ludgeri Weihnachtsmarkt am Marktplatz nicht entgehen lassen. Eingebettet in beleuchtete, historische Bürgerhäuser stehen kleine Buden direkt neben der *Schöfelbahn* (Schlittschuhbahn). Außerdem ist es Brauch, dass die Niederdeutsche Bühne das *lebennig Krippenspill* auf Plattdeutsch spielt.

72 **Vossenhus mit Stadtbibliothek**
Die Stadtbibliothek Norden befindet sich im *Vossenhus*. Es ist ein Haus mit bewegter Norder Geschichte. Es wurde im 16. Jahrhundert erbaut, war erst im Besitz der Kaufmannsfamilie Voss. Später diente es als Gasthaus, als Schokoladen- und Bonbonfabrik und als Handelshaus. Nach aufwändigen Restaurierungsmaßnahmen zog 1983 die Stadtbibliothek dort ein. Das *Vossenhus* umfasst drei Bauten mit typischen Baumerkmalen des 16. Jahrhunderts. Der Flair der Zeit wird beim Durchstreifen der Bibliothek deutlich.

73 Teemuseum Norden
Tee ist aus Ostfriesland nicht wegzudenken. Die Teekultur ist ein wichtiger Bestandteil der ostfriesischen Lebensart. Immer wieder ist hier Teezeit. »Tied för'n lüttje Tee!« Deshalb ist ein Besuch im Teemuseum am Markt unausweichlich. Man erlebt nicht nur die Geschichte des Tees, die der Herkunft der ostfriesischen Mischung, sondern ebenfalls, was es mit der Teerose des Geschirrs auf sich hat. Es besteht weiterhin die Möglichkeit, an einer echten Teezeremonie teilzunehmen, wobei man erfährt, wozu man in Ostfriesland beim Teetrinken den Löffel nutzt!

74 Stadtführungen
Norden bietet fünf Spaziergänge mit Stadtführern an. Die Stadt selbst wird in zwei sehr aufschlussreichen Führungen bedacht. Die erste findet rund um den Marktplatz statt und beinhaltet eine Besichtigung der legendären Ludgerikirche. Im Rahmen der *Norder Donnerstage* ist es möglich, eine Menge Wissenswertes zur Stadtgeschichte zu erfahren. Beide Führungen sind empfehlenswert.

75 Museumseisenbahn / Küsteneisenbahn Ostfriesland
Wenn man schon in Norden verweilt, darf ein Ausflug auf der alten Küstenstrecke Norden-Lütetsburg-Hage-Westerende-Dornun, und retour mit der Museumseisenbahn nicht fehlen. Die Strecke führte einst bis Wilhelmshaven, nun ist nur noch ein Teil befahrbar. Die Bahn fährt über 17 Kilometer in beschaulichem Tempo vom Bahnhof ab vorbei am Haltepunkt Lütetsburg. Nachfolgend hält der Zug im Marktfle-

cken Hage, dann in Westerende und schließlich in der Herrlichkeit Dornum. Zu sehen ist dabei die einzigartige ostfriesische Landschaft, die die Vielseitigkeit der Region widerspiegelt. Marschwiesen wechseln sich mit Moorgebieten ab, hin und wieder wird ein Wäldchen durchquert. Dieser Zug steht regulär nach Plan zur Verfügung, kann aber auch für Sonderfahrten wie Betriebsfeiern etc. genutzt werden.

Mehr unter : www.mkoev.de

76 Erlebnispark Norddeich

Direkt hinter dem *Ocean Wave* gelegen befindet sich der Erlebnispark. Er gliedert sich auf in das Märchenschiff, den Golfplatz und einen Irrgarten.

Im Märchenschiff werden Große und Kleine in die fantastischen Welten entführt, die am Lagerfeuer zu bestimmten Themen vorgetragen werden. Eine wunderbare Alternative zum Stressabbau. Einfach mal wieder Kind sein.

Der Abenteuergolfplatz ist eine Steigerung zum herkömmlichen Minigolf und einzigartig in der Region. Abenteuergolfen wird auf 18 Kunstrasenbahnen in unterschiedlichen Halmhöhen gespielt. Die Anlage ist erheblich größer als die beim Minigolf und die Bahnen dürfen beim Spiel auch betreten werden.

Der Irrgarten enthält 20 Rätselstopps mit den unterschiedlichsten Fragen über Tiere, Geschichte oder Piraten. Er erstreckt sich über 1.600 qm. In seiner Mitte befindet sich eine Aussichtsbrücke. Mehr unter: www.norddeich.de

77 Waloseum

Das *Waloseum* bietet eine imposante Ausstellung zum Leben der Wale. Im Mittelpunkt steht das Skelett eines gestrandeten Pottwals. Die Präsentation beantwortet Fragen rund um die Existenz und Gewohnheiten der Meeressäuger und gibt Antworten, wie ein solcher Koloss von 15 Metern Länge überhaupt ins Wattenmeer gelangen konnte. Beim Rundgang wird Wert daraufgelegt, dass alle Sinne angesprochen werden. Im Obergeschoss erwartet die Gäste eine Ausstellung über die Vogelwelt an der Küste. Sie finden das *Waloseum* am Osterlooger Weg 3.

Mehr unter: www.norden.de

78 Drachenfest

Jedes Jahr im Mai findet das *Internationale Drachenfest* in Norddeich statt. Die Teilnehmenden lassen ihre selbst gestalteten, überaus fantasievollen Kreationen am Strand aufsteigen. Teilweise werden kilometerlange Seile und bis zu 100 Metern Stoffe verarbeitet. Für die Kleinen gibt es ein Beiprogramm.

Drachen, Nordseewind und die Silhouette von Juist und Norderney am Horizont. Ein besonderes Erlebnis!

79 Seehundaufzuchtstation und Nationalparkhaus

Die Seehundaufzuchtstation liegt im Ortsteil Norddeich und ist dem Nationalparkhaus angegliedert. Jährlich werden aus dem gesamten Einzugsgebiet zwischen 30 und 80 verwaiste Seehunde und Robben dort aufgezogen. Man kann die Tiere beobachten, bevor sie wieder in die Freiheit entlassen werden.

In der Station werden auch verletzte oder entkräftete Vögel aufgefangen. Und eine Ausstellung im Nationalparkhaus über das Biosphärenreservat Wattenmeer darf selbstverständlich nicht fehlen.

Das Angebot ist so vielseitig wie die Natur, die es beschreibt. Am besten hingehen und sich selbst davon überzeugen. www.seehundstation-norddeich.de

80 Ocean Wave

Das *Ocean Wave* ist schon von Weitem mit seinem roten Turm erkennbar. Den Besucher erwartet ein vielseitiges Meerwasserschwimmbad mit Riesenrutsche, Strömungskanal und einem Erlebnisbecken, in dem jede halbe Stunde ein Wellenbad mit bis zu 80 Zentimeter hohen Wellen angeworfen wird. Die Becken sind alle zwischen 30 und 32 Grad warm, das Kinderplanschbecken ist angenehm für die Kleinen temperiert.

Dem *Ocean Wave* angeschlossen ist das Saunadeck. Von dort hat der Besucher einen einzigartigen Blick auf die Nordsee. Das Saunadeck teilt sich auf in *buten* (draußen) und *binnen* (drinnen). Neben einem Saunagarten kann sich der Gast in verschiedenen Saunen im Innenbereich erholen. Die ganze Innenanlage ist rings um einen Pool gebaut. Natürlich wird für das leibliche Wohl gesorgt.

www.ocean-wave.de

81 Campingplatz Norddeich

Für Camper ist der Campingplatz Norddeich ein echtes Highlight. Er ist direkt an der Nordsee gelegen, wenn auch einige hundert Meter vom eigentlichen Sandstrand entfernt, mit großzügigen Parzellen.

Die Sanitäranlagen sind vorzüglich, die Spielplätze für die Kinder fantasievoll gestaltet. Sportanlagen und ein Restaurant mit maritimer Küche runden den Urlaub ab.

Der Campingplatz lädt ein für Ausflüge aller Art. Norddeich ist sowohl zu Fuß als auch mit dem Auto oder Fahrrad in kürzester Zeit zu erreichen. Für Zeltcampergruppen gibt es direkt am Deich einen separaten Platz.

www.nordsee-camp.de

8. JUIST / TÖWERLAND

Juist wird im Volksmund auch das Zauberland, *Töwerland*, genannt. Sie ist eine autofreie Insel und spätestens, wenn man vom Schiff steigt und die Haltestellen der Pferdekutschen sieht, glaubt man sich in einer anderen Welt. Als erstes Wahrzeichen sticht das Seezeichen, die weiße Bake ins Auge. In Juist Dorf liegen der Seglerhafen und der Schiffsanleger. Zur Nordseite hin erstreckt sich die Strandpromenade.

Im Osten befindet sich ein weites Dünengebiet mit dem Otto-Leege-Pfad. Eine Wanderung lohnt sich allemal. Sei es, um der Klangschale Töne zu entlocken oder die Windharfe zum Singen zu bringen. Inmitten dieses Dünengebietes befinden sich auch die Goldfischteiche.

Im Westen liegen die Domäne Loog, die Domäne Bill und der Hammersee. Diese Ziele können mit dem Rad oder zu Fuß erreicht werden, es fahren aber auch Kutschen dorthin.

Das Museum in Loog bietet eine ständige Ausstellung zur Geschichte Juists, der Seebadkultur, zu den Sturmfluten und vieles mehr. Ein Schwimmbad bietet Abwechslung bei schlechtem Wetter.

Bekannt ist die Insel als Krimi-Insel, denn jährlich verbringen hier Schriftsteller ihre kreative Zeit, wenn sie das begehrte Stipendium *Tatort Töwerland* erhalten haben. Im Herbst findet das gleichnamige Krimifestival statt, zu dem Krimiautoren aus allen Teilen Deutschlands anreisen. Auch diese Veranstaltungen sind einen Besuch wert.

Anfahrt:

Mit der Bahn: bis Norddeich Mole, von dort aufs Schiff nach Juist

Mit dem PKW: über Norden nach Norddeich Mole (Parkmöglichkeiten sind gegeben) und von dort mit dem Schiff nach Juist.

Kontakt:

Kurverwaltung Juist
Strandstraße 5
26571 Juist
Tel: 04935809106
E-Mail: service@juist.de
www.juist.de

JUISTER FANGGRÜNDE

Birger saß am Fenster und starrte in den trostlosen Herbstnachmittag. Er hatte sich nicht getäuscht, als er in der Nacht im Museum 82 in Loog Licht gesehen hatte. Es war über die Wände gehuscht wie die Strahlen des Leuchtturms. Doch er war zu feige gewesen, jemanden zu benachrichtigen.

Immer hatte Birger Furcht, etwas falsch zu machen. Von Kindesbeinen an war ihm eingetrichtert worden, was für eine Nullnummer er war. Zuerst hatten sie ihn wegen seiner Knollennase hochgenommen, dann waren die dicken Oberschenkel dran und am Ende lachten sie, sobald er um die Ecke kam. Er, Birger, der Loser. Der, der nie eine Frau abbekam, weil die ihn allenfalls wie einen Welpen betrachteten, der ein wenig freundliche Aufmerksamkeit verdiente, sonst jedoch besser erst einmal stubenrein und erwachsen werden musste.

Birger hatte von seiner Wohnung aus das tanzende Licht fixiert, sich gefragt, wer des Nachts dort herumgeisterte. Für einen Augenblick hatte er tatsächlich in Erwägung gezogen, den Dorfpolizisten anzurufen. Was aber, wenn es harmlos war? Wenn nur der Museumswart etwas vergessen hatte? Er, Birger, wäre wieder der Idiot gewesen. Der, der nur rumspann, den man nicht ernst nehmen konnte.

Jetzt war es zu spät. Die alten Fischfanggeräte wie die Buttpricke und der Elger und das Netz zur Schillgewinnung fehlten. So erzählte man es sich.

Birger hatte die Typen sogar gesehen, wie sie damit auf und davon geschlichen waren. Erkannt aber hatte er sie nicht, denn ihre Mützen hatten sie sich tief ins Gesicht gezogen.

Da aber hatte er längst beschlossen, zu schweigen. Schließlich wäre er erst recht dran gewesen. Birger wieder, der einen Raub beobachtet, der feige seine Klappe hält und nicht gleich die Polizei ruft, war das schlimmste Szenario, was er sich vorstellen konnte. Jeder würde ihn anblöken, ihn noch weniger ernst nehmen, wenn das überhaupt möglich war. Birger kannte keinen üblichen Umgangston. Es gab niemanden, der in einer normalen und höflichen Stimmlage mit ihm sprach. Seine Eltern hatten das nicht getan und alle anderen Menschen ebenfalls nicht.

Das zog sich wie eine Spur durch sein Leben. Oft bemerkte Birger es nicht einmal mehr, so sehr war er daran gewöhnt. Er dachte die ganze Nacht darüber nach, was er unternehmen konnte, kam aber zu keinem Ergebnis. Er wollte so tun, als habe er gar nichts von dem Diebstahl mitbekommen. Das war das Beste.

Weil niemand einem Loser wie ihm Arbeit gab, hatte Birger viel Zeit; und er hatte gelernt, sie auszufüllen.

Er liebte Juist, er liebte vor allem die Natur und die Tiere dieser Insel. Und so hatte er vor Jahren damit begonnen, sie zu schützen und auf sie achtzugeben.

Nach dem Nachmittagstee setzte er sich aufs Rad und fuhr zum Hammersee **83**. Hier fand er den Frieden, den er sonst vergeblich suchte. Er wähnte sich als guter Freund der Vögel, die ihn mit ihrem Geschrei begrüßten. Sie fürchteten ihn nicht, zumal er gelernt hatte, sich unauffällig zu bewegen.

Am See war auch heute alles ruhig, Birger konnte nichts Auffälliges entdecken. Außerhalb der Saison gab es für ihn meist nicht viel zu tun. Anders verhielt es sich, wenn die Touristen da waren und die Schutzmaßnahmen nicht befolgten.

Birger beschloss spontan, überall auf Juist nach dem Rechten zu sehen. Egal, ob die Dämmerung bald einsetzte oder nicht. Etwas trieb ihn an. Zunächst fuhr er in den Westen zum Billriff **84**. Er blickte übers Meer und es war nicht auszuschließen, dass gleich dichter Seenebel auftrat. Am Horizont ballte sich bereits eine dicke Front zusammen. Vielleicht würde sie mit dem Hochwasser die Insel erreichen. Es wäre besser, nach Hause zurückzukehren.

Doch die innere Unruhe ließ nicht locker. Für Birger waren die sich selbst gestellten Aufgaben mittlerweile so elementar wie Essen und Trinken. Er liebte es, sich seinen Gedanken hinzugeben, hin und wieder steuerten sie ihn allerdings dermaßen, dass er nicht mehr Herr seines eigenen Antriebs war.

Im Frühjahr beobachtete er die Vögel bei der Aufzucht, parallel achtete er darauf, dass im Hammersee kein Unrat zu finden war, der Vögeln und Fischen gefährlich werden konnte. Dieses Leben erfüllte ihn und es war das Einzige, was ihn davon abhielt, gänzlich zu verzweifeln. Jeder Fisch, jeder Vogel war ihm näher, als es ein Mensch in seinem Umkreis je sein würde. Zu viele hatten ihn verletzt, zu viele ihm klar gemacht, wie wenig er wert war.

Birger trat kräftig in die Pedale, radelte durch den Ort am Wasserturm **85** vorbei, stellte das Rad am Tennisplatz in den Ständer und lief den Otto-Leege-Pfad **86** ab, beginnend an der großen Klangschale, die er immer zum Klingen brachte, weil der Ton in ihm nachhallte und ihn ausfüllte. Ließ das Wetter es zu, schaffte er es bis ganz in den Osten. Hier kontrollierte er, ob die Station besetzt war und ob der Vogelkundler seine Tiere auch wirklich bewachte und schützte.

Heute gelangte Birger bis zum Kalfamer 87 . Doch es war Herbst und die Hütte war leer. Mittlerweile dämmerte es schon und Birger erkannte zwei Gestalten am Wattsaum, die durch das auflaufende Wasser schlurften. Es behagte ihm nicht, denn den Besuchern war es verboten, sich da aufzuhalten. Auch um diese Jahreszeit.

Birger näherte sich der Gruppe, blieb aber dann auf halbem Weg stehen, als ihm bewusst wurde, wer sich dort herumtrieb. Es handelte sich um Hauke und Nils, seine alten Schulkameraden, die es sehr eilig gehabt hatten, so früh wie möglich Juist zu verlassen. Manager waren sie geworden. In großen Konzernen, deren Namen immer wieder wechselten. In Metropolen wie Hamburg und Berlin, wo sie niemand auf der Straße erkannte, wenn etwas schief gegangen war.

Sie trugen zwar Pudelmützen, hatten Gummihosen an und hielten den Blick gesenkt, aber Birger würde diese beiden überall auf der Welt und in jeder Lebenslage erkennen. Sie waren nun so sehr in ihr Tun vertieft, dass sie von ihrer Umgebung nicht allzu viel mitbekamen.

Birger schlich näher. Dann sah er, was sie vor sich her schoben. Es handelte sich um die gestohlenen Fischfanggeräte aus dem Museum. Ab und an blieben sie stehen, nahmen etwas von den Zacken der Pricke und warfen es in einen kleinen Korb, den sie sich auf den Rücken geschnallt hatten. Birger konnte es nicht fassen: Sie waren die Einbrecher gewesen! Ihre Tat diente offensichtlich nur dazu, um mit diesen altertümlichen Geräten zu fischen. Es passte wie die Faust aufs Auge. Äußerlich lebten sie den Reichtum und die spießige Normalität, doch sie brauchten die

Herausforderung des Verbotenen. So, wie es schon immer gewesen war.

Gleich lief das Wasser hoch auf und sie mussten aufgeben. Aber in einer Sache war Birger sich ganz sicher: Sie würden noch einmal losziehen. Beide hatten sich die Perfektion zum Lebensinhalt gemacht, niemals gäben sie sich mit dem einen Versuch zufrieden.

Bei diesem zweiten Mal wollte er ihnen auflauern, sie ertappen. Er, Birger, der Held, der den Einbruch und eine verbotene Fischerei aufgedeckt hatte. Nils und Hauke, von ihm ans Messer geliefert. Die zwei Menschen, die ihm damals das Leben zur Hölle gemacht hatten.

Begonnen hatte es in der Grundschule. Birger hatte große Probleme in Mathe, aber auch mit dem Schreiben gehabt. Später gab es Namen für so etwas. Legasthenie und Dyskalkulie. Früher hieß es, Birger sei doof.

Seine Schwierigkeiten war für beide stets ein willkommener Anlass gewesen, ihn bloßzustellen. Kaum waren die Klassenarbeiten verteilt, die Noten kundgetan und der Lehrer hatte die Klasse verlassen, musste Birger in die Mitte. Seine Mitschüler schlossen einen engen Kreis um ihn. Spuckten ihm vor die Füße. So richtig dicken weißen Schaum. Sie übertrafen sich selbst in Fülle und Masse. »Sechsenschreiber« hatten sie gerufen. Immer wieder. So lange, bis er geweint hatte. Anschließend galt Birger als Memme, als Weichei.

Doch Nils und Hauke war das nicht genug gewesen. Sie wollten Birger ganz am Boden sehen, erst danach waren sie zufrieden. »Sag, dass du eine Null bist!«, hatten sie ihn am Ende ständig aufgefordert. Und Birger hatte es gesagt. »Ich bin eine Null. Ich bin nichts, ich kann nichts.«

Tag für Tag, Woche für Woche, Monat für Monat.

Bei der nächsten nächtlichen Flut aber würde sich für Birger das Blatt wenden. Das war seine Chance zur Rache, sein Weg, sich aus allem zu befreien.

Er zog sich zurück, stieg aufs Rad und beschloss, den südlichen Weg einzuschlagen. Dort war es angenehm, weil der Wind nicht so kräftig blies. Mittlerweile war es dunkel geworden. Im Herbst sank die Sonne früh. Birger genoss das fahle Mondlicht, das sich immer stärker den Weg bahnte. Als er das Meer jetzt glänzen sah, dachte er an den Sommer, der Ostfriesland meist nur sehr kurz bedachte. Kehrte der aber ein, war es nirgendwo schöner als hier. Er sah vor seinem inneren Auge die Kiter und Surfer 88 über die See gleiten, die wie wunderbare Farbkleckse die triste grün-braune Farbe der Nordsee auflockerten. Er hörte das Aufklatschen der Segel, wenn einer der Surfer dem Nordseewind doch nicht gewachsen war. Das Lachen der badenden Kinder war Musik in seinen Ohren. Ja, Birger liebte Juist. Trotz allem. Wo sonst gab es so viele Kutschen 89 . Wo Pferdebusse mit eigenen Parkbuchten. Die Liebe zum Töwerland, wie man Juist hier liebevoll nannte, war fest in ihm verwurzelt und nichts auf dieser Welt konnte das ändern.

Höchstens die dauerhafte Rückkehr von Nils und Hauke. Damit jedoch war nicht zu rechnen.

Birger hatte in den Jahren gelernt, deren harsche Worte zu verdrängen, sie sollten seine Seele nicht mehr erreichen. Doch die Anwesenheit der beiden auf der Insel ließ sein Herz schneller schlagen, seinen Bauch rumoren. Nils und Hauke verursachten ihm Angst.

Birger trat kräftiger in die Pedale, kam am Friseursalon vorbei, dann am Hotel. Die hell erleuchteten Fenster des

Restaurants strahlten Wärme aus, aber nur wenige Gäste tummelten sich dort. Es war Nebensaison, da kämpften auf Juist alle ums Überleben. Er strampelte weiter aus dem Ort heraus. Linker Hand lag die Landseite, das Wasser hatte bald seinen Höhepunkt erreicht und würde sich wieder zurückziehen. Es war der ewige Kreislauf vom Kommen und Gehen, der ihn existieren ließ, diese Beständigkeit gab ihm die nötige Sicherheit. Birger brauchte das, weil zu viele Wände in seinem Leben eingebrochen oder gar völlig verschwunden waren.

Ab morgen konnte sich alles ändern. Das war gewiss. Er schlug zum ersten Mal zurück und es sollte ihm gelingen, Hauke und Nils zu Fall zu bringen. Manchmal meinte es das Schicksal auch mit einem Mann wie ihm so richtig gut.

Das Fischen mit Pricke und Elger funktionierte nur bei auflaufendem Wasser und am besten in der Dämmerung. Birger brauchte nur zu warten. Wie die Spinne im Netz geduldig ausharren. Den Fehler machten die anderen ganz allein.

Es war barbarisch, die Tiere auf diese Weise zu fangen. Der Elger, mit dem sie den Aalen in Prielen nachstellten, und die Buttpricke für die Plattfische waren grausame Fischfangmethoden, weshalb man sie verboten hatte. Dass Nils und Hauke das nun für sich nutzten, wunderte Birger gar nicht. Sie führten sich nicht nur Fischen gegenüber kaltherzig auf.

Nach der Grundschule war Birger aufs Internatsgymnasium nach Esens gekommen. Irgendwie war es ihm gelungen, sich trotz der Schikanen so zu behaupten, dass seine Klassenlehrerin an ihn glaubte und meinte, er könne es dort wenigstens bis zur zehnten Klasse schaffen. Es war Birgers erstes und letztes Erfolgserlebnis gewesen.

Obwohl die Zeit in Esens für ihn schlimmer war als die

Hölle auf der Grundschule. Hier fand der Krieg gegen ihn nicht nur im Klassenzimmer und auf dem Schulhof statt, wenn es keiner bemerkte. Hier ging es nachts in den Schlafräumen weiter. Wie oft hatte Birger ohne Decke schlafen müssen, wie oft hatten sie ihm kaltes Wasser übers Laken gekippt. Einmal hatte er eine schwere Lungenentzündung bekommen, danach wurde es kurz besser. Doch es war, als hätten Nils und Hauke nur Luft geholt, denn ihre Spielchen, mit denen sie sich vor den anderen profilierten, nahmen an Raffinesse und Bosheit zu.

Birger war nach der Zehnten abgegangen und nach Juist zurückgekehrt, obwohl er das Abitur geschafft hätte. Mittlerweile hatte man herausgefunden, woher seine Schwierigkeiten herrührten. Nur war es ihm unmöglich gewesen, auch nur einen Tag länger in der Nähe von Nils und Hauke zu bleiben.

Danach hatte sich ihre Zeit auf der Insel auf die Weihnachtstage beschränkt, wenn sie mit ihren zuckersüßen Familien die Eltern besuchten. Birger hatte beide das letzte Mal auf der Beerdigung von Haukes Vater gesehen, als sie hinter der Leichenkutsche hergegangen waren. Den Kopf gesenkt, Trauer heuchelnd, denn Birger hielt weder Hauke noch Nils für fähig, wirklich etwas für einen anderen Menschen zu empfinden. Sie liebten nur sich selbst, wenn überhaupt liebten sie einander. Jedenfalls kam es Birger so vor.

Die ganzen Eskapaden und Angriffe hatten ihn geschwächt, sodass er sich nichts mehr zutraute. Birger hatte im Hotel gejobbt, sich aber dermaßen ungeschickt angestellt, dass ihm schon bald die Kündigung ins Haus flatterte. So war ihm am Ende nur der kleine Job geblieben, für den er sich schlussendlich selbst entschieden hatte. Den Aufpasser für die Juister Natur zu spielen.

Nun war die Zeit reif. Seine Revanche. Nils und Hauke würden der Welt endlich einmal ihr wahres Gesicht zeigten. Und er, Birger, war es, der dieses Verbrechen offenkundig gemacht hatte. Er wagte es, sich ihnen entgegenzustellen. Das hatte sich auf der Insel bislang noch keiner getraut.

Es dauerte nicht mehr lange bis zur Abendflut. Birger musste sich auf den Weg machen, denn er wusste ja nicht, welches Gebiet Juists sie heute für ihre Machenschaften nutzen wollten.

Er beschloss den gleichen Weg wie gestern zu nehmen. Doch nirgendwo traf er die beiden an. Bei den Schautafeln des Otto-Leege-Pfades wählt er den Weg über die Holzbrücke, so konnte er den südlichen Teil der Insel erkunden. Das Seezeichen **90** am Kalfamer warf sein Licht in den Himmel. Er schob sein Rad zunächst, bis er Stimmen unterhalb der Einmündung hörte. Er legte das Rad vorsichtig ab und schlich in Richtung Wasser. Tatsächlich, dort standen Nils und Hauke und stapften in der flachen See herum.

Birger fingerte nach seinem Handy. Er wollte bei der Polizei anrufen und endlich würde genau das passieren, was passieren sollte. Seine Erzfeinde wären endlich einmal da, wo sie ihn immer hingetreten hatten.

Er entsperrte die Tastatur, war im Begriff die erste Zahl einzugeben, als das Telefon klingelte. Nein, es schellte nicht, es spielte den einprogrammierten Song ab. *Don't worry, be happy*. Er hatte vergessen, seinen Wecker auszustellen.

Nils und Hauke zuckten zusammen, wandten sich erschrocken um und ließen die Buttpricke und den Elger im flachen Wasser fallen. »Du hier?«, fragten sie gedehnt und mit einem bedrohlichen Unterton.

»Jetzt hab ich euch!« Birger baute sich drohend vor den Männern auf, oder besser gesagt in einer Haltung, die er als solche empfand.

Nils und Hauke schien sie weniger zu beeindrucken. Sie steuerten direkt auf Birger zu. Der sah sich augenblicklich ängstlich um, wich einen Schritt zurück. Niemand war da. Er befand sich allein mit seinen beiden Widersachern, war ihnen wie eh und je hilflos ausgeliefert. Wie hatte er nur ansatzweise hoffen und glauben können, er sei in der Lage, sie zu bezwingen?

»Ich hab schon bei der Polizei angerufen«, quetschte er heraus. Es klang lächerlich und unglaubwürdig. Falsch.

Nils lachte auf. »So? Wahrscheinlich während das Handy geklingelt hat. Don't worry, be happy …«, sang er laut. »Ich telefoniere auch immer, während es klingelt.«

»Vorher.« Birgers Stimme kippte, quietschte.

Hauke begann zu lachen. »Vorher«, wiederholte er lapidar. »Wir glauben dir jedes Wort. Was möchtest du uns eigentlich gern anhängen?«

»Die Geräte habt ihr geklaut«, stieß Birger hervor. »In der vorletzten Nacht!«

Nils grinste breit. »So, wie willst du das beweisen?«

»Ich habe euch erkannt.«

Die Männer lachten schallend. »Du hast uns gesehen? Selbst wenn es so wäre, nun ist es zu spät. Da hättest du wohl ein kleines bisschen früher reagieren müssen. Wie albern sieht denn es aus, sofern du erst jetzt damit rausrückst?«

»Allein, was ihr da tut, ist illegal!«, versuchte Birger es weiter, doch wieder brach seine Stimme, wieder hatte er das untrügliche Gefühl, sich nie und nimmer gegen Nils und Hauke durchsetzen zu können. Es war aussichtslos. Von Beginn an gewesen.

»Illegal!«, wieherten die beiden auch schon los. Nils griff dabei nach Birgers Jackenärmel und zog ihn zu sich heran. Der roch seinen Atem. Bier vermischt mit einem Hauch von Knoblauch. Es widerte ihn an. Doch nun näherte sich von hinten Hauke. Er umfasste Birger, riss seinen Oberkörper nach oben, während Nils ihm das Knie in die Weichteile rammte. Birger sackte in sich zusammen. Es dauerte nicht lange, bis sein Kopf ins kalte Nordseewasser getunkt wurde. Ein Mal. Zwei Mal. Drei Mal.

Seine Zunge schmeckte Salz, seine Finger fassten ins Watt. Der Schlick zerrann zwischen seinen Händen. Birger versuchte, die Luft anzuhalten, als sein Kopf erneut unter Wasser gedrückt wurde. Seine Lungen lechzten nach Sauerstoff, Schwindel machte eine gezielte Regung unmöglich. Er biss die Zähne zusammen. Gerade, als er es kaum noch aushielt, er einatmen musste, ob er wollte oder nicht, lockerte sich für einen Moment der Griff. Hauke tanzte auf einem Bein. »Ich habe einen Krampf!«

Birger nutzte seine Chance, schnellte hoch, japste verzweifelt nach Luft und schlug gleichzeitig wild um sich.

Hauke strauchelte, versuchte sich an Nils festzuhalten, doch der konnte seinen Freund auch nicht stützen. Birger gelang es, sich ganz zu befreien, stieß die Männer noch einmal ruckartig weg. Sie hatten im knietiefen Wasser mit dem schlickigen Untergrund kaum Halt, wankten immer stärker, bis beide ins Wasser klatschten. Ein merkwürdiges Knacken ertönte, dann trieben Nils und Hauke im trüben Nordseewasser, die Buttpricke und der Elger umtanzten sie rhythmisch. Zwischen den Wällen ragte eine kleine Buhnenreihe empor. Birger näherte sich, fühlte erst Haukes Puls. Der bewegte sich nicht mehr, die Augen starrten ihn leblos an, kein fieses Grinsen, einfach das große

Nichts. Sein alter Schulkamerad war tot. Dann wandte er sich Nils zu. Der hob den Kopf, schien noch nicht verstanden zu haben, was eben geschehen war. Als Birger sich zu ihm beugte, umfasste der sein Handgelenk. Birger riss den Arm aus der Umklammerung, stieß Nils zurück und schlug dessen Kopf mit Wucht einmal kräftig gegen die Buhne. Dann war auch er still. Es war vorbei.

Das verrottete Holz der Buhnen hatte seinen Dienst getan. Es war den beiden Juistflüchtigen zum Verhängnis geworden, auch wenn Birger einmal hatte etwas nachhelfen müssen.

»Die Insel straft, wer ihr schadet«, flüsterte Birger. Er schaute sich unauffällig um. Noch immer hatte sich keiner genähert. Er schüttelte sich, strich das Wasser aus seiner Kleidung, ordnete das Haar, setzte sich aufs Rad und fuhr den Weg am Deich entlang zurück. Beim Durchqueren des Dorfes nickte er der weißen Bake freundlich zu, denn es wirkte, als lächelte sie ihn an.

Im Laufe des nächsten Vormittags hörte er, dass man Hauke und Nils tot aufgefunden hatte. Und auch, dass sie es waren, die die Geräte aus dem Museum entwendet hatten. Als der Dorfpolizist bei Birger auftauchte, trank der gerade seinen Tee und starrte aus dem Fenster. »Hast du denn wirklich in der Nacht nichts bemerkt? Vielleicht hättest du sie erkannt?«

»Ich habe niemanden gesehen. Nachts schlafe ich für gewöhnlich«, sagte Birger und war froh, als er den Wäschetrockner hupen hörte, der ihm signalisierte, dass seine Anziehsachen wieder sauber und trocken waren.

FREIZEITTIPPS:

82 Museum in Loog

Ein kleines, aber feines Museum zur Inselgeschichte befindet sich in Loog. Alles Wissenswerte ist dort auf circa 500 Quadratmetern zusammengetragen. Es beginnt mit der Seebadkultur Juists, zeigt die Geschichte der Inselfischerei auf, die Seefahrerei, die Natur und vieles mehr. Wer Juist in seiner Gänze mit allen Hintergründen entdecken und erleben will, ist hier wunderbar aufgehoben. Mehr unter: www.kuestenmuseum-juist.de

83 Hammersee

Der Hammersee entstand während der Petriflut 1651, als Juist in zwei Teile zerfiel. 1932 wurde ein Dünendeich angelegt, der seitdem die beiden Inselteile wieder miteinander verbindet. Daraus wuchs im Laufe der Jahre ein großes Süßwasserbiotop, das Vögeln und Fischen eine Heimat bietet. Der Hammersee verlandet immer stärker, ein Ausflug und eine Umrundung auf dem Wanderweg lohnt sich. Die Hammerdünen bieten zudem einen wunderbaren Ausblick über die Insel. Der Name stammt übrigens nicht von dem Werkzeug Hammer, sondern kommt aus dem Niederdeutschen und heißt so viel wie *niedrig gelegene, feuchte Wiese*.

84 Das Billriff

Das Billriff liegt am Westzipfel Juists. Dieser Zipfel ist stark gerundet und erinnert von der Form an ein Gesäß, woher vermutlich der Name stammt (Bille= Gesäß).

Das Billriff besteht aus unterschiedlichen Sandbänken und bietet bei Ebbe einen einzigartigen Anblick. Mit dem Fahrrad oder zu Fuß ist es eine wunderbare Route. Man beginnt in Juist Dorf, fährt auf der einen Seite an den Salzwiesen des Wattenmeeres entlang, rechter Hand liegen die hohen Dünen. Unterwegs ist ein Halt in der Domäne Loog oder später in der Domäne Bill zu empfehlen. Wer mag, kann für die Strecken auch eine der vielen Kutschen nutzen.

85 Wasserturm

Der Wasserturm gilt als Wahrzeichen von Juist und steht auf der höchsten Düne der Insel. Er wurde 1927/28 erbaut und überragt alle Gebäude. Die Juister nennen ihn *Doornkaatbuddel*, allerdings beherbergt er keinen Schnaps. Der Wasserspeicher ist sowohl für die Insulaner als auch für die Gäste gerade in den Sommermonaten von immenser Bedeutung. Zu erreichen ist er von der Strandpromenade aus. Obwohl er nicht zu besteigen ist, bietet allein die hohe Düne einen tollen Blick über die Insel und das Wattenmeer.

86 Otto-Leege-Pfad

Der Otto-Leege-Pfad beginnt im Osten vom Ort Juist an der Strandseite. Gleich zu Beginn erwartet den Wanderer die überaus imposante, mit Wasser gefüllte Klangschale. Reibt man an den Griffen, entstehe Wasserwellen, die einen wundersamen Klang hervorzaubern. Ähnlich verhält es sich mit der Windharfe, die je nach Windrichtung Töne erzeugt. So kann der Besucher dem Pfad quer über den Ostteil der Insel bis hin zum Wattenmeer folgen, verweilen, die Natur auf sich wirken lassen, dabei die Relieftafeln ansehen und zwischendurch an der Schutzhütte mit den Goldfischteichen pausieren. Ein Bohlenweg führt dann weiter zur Wattseite. Für diese Route sollte man sich viel Zeit nehmen, denn die Begehung des Pfades lebt von der Beobachtung.

87 Kalfamer

Ganz im Osten der Insel liegt der Kalfamer. Der Kalfamer ist ein beliebtes Brut- und Rastgebiet der Seevögel, entsprechend behutsam sollte sich der Besucher dort verhalten. Das Durchlaufen ist deshalb nur auf einem einzigen Weg gestattet. Während der Brutzeit von Anfang April bis Ende Oktober ist der Pfad ausschließlich bei speziellen Führungen zu begehen, damit die vielen Tausend Vögel ungestört bleiben. Am Rande befindet sich eine Informationshütte.

88 Kiten und Surfen

Natürlich kommt auf Juist der Wassersport nicht zu kurz. Es besteht sowohl die Möglichkeit zum Kite- als auch zum Windsurfen. Spezielle Schulen bieten Kurse an. Besonders geeignet zum Windsurfen ist die Wattenmeerseite, die optimale Bedingungen liefert. Die Kitesurfer werden den unendlichen Strand und den meist kräftigen Nordseewind zu schätzen wissen.

89 Reiten sowie Kutschfahrten auf Juist

Juist ist eine autofreie Insel und als Pferdeinsel bekannt. Kutschen dienen als Busse und Taxen. Natürlich ist es möglich, auf Juist ausgiebig zu reiten. Auf der Insel gibt es zwei Reiterhöfe, die sowohl Ausritte am Strand als auch klassischen Reitunterricht anbieten. Für Liebhaber des Pferdesports ist das sicher ein Muss.

90 Seezeichen

Das weiße Seezeichen fällt jedem Anreisenden sofort auf, wenn er sich Juist nähert. Es gibt auf der Insel noch mehr der sogenannten Baken, man findet sie sowohl im Westen (Bill) als auch im Osten (Kalfamer). Für die Seeschifffahrt sind die Marken wichtige Erkennungszeichen.

Die Bake am Hafen misst 17 Meter Höhe und gleicht einer treibenden Boje. Die Seezeichen an der West- und Ostbake tragen auf ihrer Spitze sogenannte Toppzeichen, die über eine unterschiedliche Kennung verfügen. Die Kapitäne der vorbeifahrenden Schiffe können so problemlos ermitteln, an welcher Seite der Insel sie sich befinden.

9. GREETSIEL UND DIE KRUMMHÖRN

Der wohl bekannteste Ort in der Krummhörn ist ganz sicher Greetsiel. Er zieht alljährlich eine große Menge Gäste an. Greetsiel ist ein pittoresker Sielort mit einem historischen Hafen und einem Ortskern mit alten Häusern in ostfriesischer Sielortbauweise. Als Wahrzeichen gelten die beiden Zwillingsmühlen. Die eine wurde beim Orkantief *Christian* 2013 zerstört, ein Wiederaufbau ist geplant. Rund um den Hafen befinden sich zahlreiche kleine Geschäfte, Cafés und Teeläden. Überall gibt es Kleinigkeiten zu entdecken. Sei es, dass am Giebel ein besonderes Muster auftaucht oder aber ein Fenster liebevoll dekoriert ist. Der Ort lädt ein zum Treetbootfahren oder zu einer kleinen Tour auf einem historischen Schiff.

Doch nicht nur Greetsiel ist reizvoll. Viele andere Orte und Sehenswürdigkeiten der Krummhörn ziehen die Gäste in den Bann. Sei es der Otto-Turm in Pilsum, das Warfendorf Rysum oder auch die Manninga Burg in Pewsum.

Die Gemeinde Krummhörn gehört zum Landkreis Aurich, wird an der Küstenlinie vom Trichter der Ems begrenzt. Die Krummhörn kann auf alte Adelsgeschlechter wie die *Cirksenas* zurückblicken. Diese Dynastien prägten häufig die Gebäude und Orte . Krummhörn bedeutet übrigens *Krumme Ecke*.

Zu erreichen ist die Krummhörn am besten über die A 30 bis Emden, von dort sind die Orte ausgeschildert.

Kontakt:
  Touristik-GmbH Krummhörn-Greetsiel
  Zur Hauener Hooge 11
  26736 Greetsiel
  Tel. (04926) 9188-0

TOT IM SCHLOT

Die Schaufel des Baggers hakte kurz, und was Gerrit Klaaßen nun aus dem Schlot gezogen hatte, ließ ihn zunächst blass werden, dann grün. Hernach war es um ihn geschehen. Er brauchte eine Weile, ehe er sich beruhigt hatte. Missmutig trank er einen Schluck Wasser, um den bittersauren Geschmack loszuwerden. Erst danach wagte er den zweiten Blick.

In der Baggerschaufel lag eine Tote. Sie war vollständig bekleidet, er schätzte sie der altmodischen Kleidung nach als eher betagt ein, als sie ums Leben gekommen war. Dieser Zeitpunkt lag offensichtlich schon länger zurück, jedenfalls deutete der Zustand der Leiche darauf hin.

Er fingerte sein Handy aus der Hosentasche, tippte mit zitternden Fingern die Nummer 110 ein. Er wusste nicht mehr, welcher Notruf der Richtige war. 112? 110? Egal, irgendwer würde sich verantwortlich für diese Frau fühlen. Gerrit stammelte in den Hörer, was zu sagen war.

Kriminalhauptkommissar Markus Vollmer hatte den Anruf angenommen. Er und sein Kollege Ludger Hinrichs brausten mit quietschenden Reifen los, von unterwegs informierten sie die Spurensicherung.

Schon von Weitem sahen sie den Baggerführer mit hängenden Schultern am Rand des Schlots stehen. Als sie näherkamen, war deutlich, wie blass er um die Nase war. »Moin, kennen Sie die Frau?«, fragte Vollmer.

Gerrit schüttelte den Kopf, denn das Gesicht der Toten war völlig entstellt. Der Adamsapfel des Baggerführers tanzte auf und nieder, er schluckte heftig. Er war kurz davor, sich zu übergeben. Vollmer kannte solche Reaktionen.

Er wandte sich an seinen Kollegen. Mittlerweile war die Spurensicherung eingetroffen und das Gebiet wurde großzügig abgeriegelt. Hinter dem rotweißen Absperrband versammelten sich weitere Menschen.

Vollmers Mitarbeiter schüttelte den Kopf, auch er hatte mit dem Anblick zu kämpfen. Die Zahnreihe der Leiche war bis zum Knochen freigelegt, von einem Gesicht war beileibe nicht mehr zu sprechen.

»Sie ist fast bis zur Unkenntlichkeit verstümmelt. Ich habe dennoch eine Ahnung, wer das sein könnte«, quetschte Ludger schließlich hervor. »Die Klamotten …« Er vollendete den Satz nicht.

Markus Vollmer sah seinen Kollegen fragend an. »Wer ist es?«

»Vermutlich Marlies Janßen. Sie wird seit drei Monaten vermisst.«

Zu der Zeit hatte Markus seinen Dienst noch in Oldenburg versehen. Er war froh, dort weg zu sein. In Ostfriesland hoffte er auf mehr Ruhe. Doch mit dieser unerwarteten Wendung sah es alles andere als nach einem gemäßigten Job aus.

Ludger wirkte ebenfalls hektisch, nicht so, als sei er in der Lage, gut mit der angespannten Situation umzugehen. Nachdem der Bestatter die Tote abgeholt hatte, drängte er darauf, rasch zurück nach Pewsum zu kommen.

In der Polizeistation studierte Markus Vollmer die Vermisstenakte. Marlies Janßen galt seit dem 10. Februar als vermisst. Sie war 79 Jahre alt, hatte in der Nähe von

Rysum 91 gelebt, diesem wunderschönen Warfendorf. Allein in einer kleinen Zweizimmerwohnung, umsorgt von ihren Nachbarn sowie von ihrer Tochter, die in Campen zu Hause war. Orte, mit denen Markus Vollmer Frieden, Ruhe und Beschaulichkeit verband. Alles konnte man hier haben, nur eben nicht Mord und Totschlag.

Zum ersten Mal war Markus im Sommer vor zwei Jahren mit seinen Kumpels in der Krummhörn gewesen und in ihm war sofort eine Liebe zu diesem Landstrich gereift, die weiter gewachsen war, bis er schließlich eine Versetzung nach Ostfriesland beantragt hatte. Jeder Kollege in Oldenburg erklärte ihn für verrückt. »Da liegt der Hund begraben. Das willst du nicht wirklich! Dazu bist du viel zu jung!«

Es war allerdings an der Zeit, etwas zu verändern, und die Erinnerungen an den Sommer in der Weite Ostfrieslands wurden von Woche zu Woche stärker, sodass der Entschluss immer mehr gereift war. Was hatte er zum Beispiel in Greetsiel für einen Spaß gehabt? Mit dem Treetboot 92 waren sie gefahren, hatten den Kutterkorso 93 gesehen und zu allem Überfluss als reine Gaudi am Schlickschlittenrennen in Upleward 94 teilgenommen. Dreckig und voller Lebensfreude war dieser Wettkampf zu Ende gegangen.

Als tatsächlich die Stelle in der Polizeidienststelle Pewsum vakant geworden war, hatte er keine Sekunde gezögert. Er war Mitte 40 und er wollte so einfach nicht weiterleben. Die Versetzung war kein Problem gewesen. Im Winter hatte er die Krummhörn noch einmal besucht und sich um eine Wohnung gekümmert. Markus hatte sich für eine kleine Mansarde in der Nähe der Polizeistation entschieden. Er wohnte gleich hinter dem Geburtshaus von Hermine Heusler-Edenhuizen 95 , was er als gutes Omen empfand. Seine Mutter, Gynäkologin von Beruf, hatte diese Frau sehr verehrt.

Die Nachbarn waren alle freundlich, nicht zuletzt war es ihm vergönnt gewesen, als zukünftiger Nachbar mit ihnen auf winterliche Boßeltour mit abschließendem Grünkohlessen zu gehen. Er liebte das Boßeln und die Ernsthaftigkeit, mit der die Menschen dem ostfriesischen Nationalsport nachgingen.

Als sie ihre Tour machten, hatten sie etliche Gruppen überholt, und so war ihm damals zum ersten Mal Ludger begegnet, der dieses Hobby offensichtlich sehr intensiv betrieb. »Aber nur, wenn er ordentlich einen trinken kann!«, hatten Vollmers Nachbarn gelacht. »So korrekt er im Dienst ist: Lässt man ihn mit seiner Kugel auf die Straße, braucht er einen Korn, ein Bier und den guten Grünkohl hinterher!«

Es war Wochenende gewesen, sie hatten den Bollerwagen gut mit allerlei Kurzen und Brötchen gefüllt und die Strecke am Schlot entlang hinter Loquard gewählt.

Nun lag hier diese tote Frau. Markus lief eine Gänsehaut über den Rücken.

Abschließend waren sie damals zum Kohlessen gegangen. Ludgers Boßelgruppe war schon dort gewesen und zechte munter vor sich hin. Markus erinnerte sich nur zu gut an das Gelächter, weil sie seinen Kollegen vorzeitig hatten nach Hause bringen müssen. »De hett en lütten setten!«, hörte er immer wieder.

Nun lebte Markus seit drei Wochen in Pewsum. Er vertiefte sich wieder in die Akte, als Ludger an die Tür klopfte. »Frau Janßens Tochter steht vor der Tür.«

»Schick sie rein!«, forderte Vollmer sie auf, setzte sich aufrecht hin und wartete. Eine etwa 40-jährige Frau schob sich ins Zimmer. Sie wirkte gehetzt. »Moin! Ich war gerade mit meiner Schulklasse im Landwirtschaftsmuseum 96 . Mein Kollege ist mit dem Auflugstrecker unterwegs, ich musste erst für Ersatz sorgen.« Sie ließ sich, noch während sie das sagte, auf dem Stuhl nieder und raufte sich das Haar. Ihre Augen waren rot, sie hatte auf dem Weg hierher geweint.

Vollmer lächelte ihr unverbindlich zu. »Möchten Sie ein Glas Wasser oder einen Kaffee, Frau …?«

»Mein Name ist Janßen-Mühlena.«

Der Kommissar betrachtete sie ein Weile. Auf ihre Wangen waren hektische Flecken getreten. Sie machte keinen sympathischen Eindruck auf ihn.

»Lebte Ihre Mutter bei Ihnen?«

Frau Janßen-Mühlena verneinte die Frage. »Sie wollte aber an dem Nachmittag, als sie spurlos verschwand, bei mir vorbeikommen.«

»Wann genau war das?« Vollmer blätterte in den Akten. »Gegen 15 Uhr am 10. Februar, so lautete ihre damalige Aussage.«

Frau Janßen-Mühlena nickte. »Genau. Das war die Abmachung. Sie war mit dem Fahrrad unterwegs. Das ist nämlich ebenfalls verschwunden und auch jetzt nach dem Leichenfund nicht aufgetaucht. Vielleicht handelt es sich dabei ja gar nicht um meine Mutter? Ich meine, es spricht doch einiges dagegen. Der Fundort, das fehlende Fahrrad.« In ihrer Stimme schwang unglaublich viel Hoffnung mit. »Man hat die Tote in der Nähe der Pünte 97 bei Loquard gefunden. Das verstehe ich nicht. Das liegt nicht auf dem Weg zu mir. Es kann sich deswegen um eine völlig andere Frau handeln. Ich frage mich die ganze Zeit, was sie dort gewollt hätte.«

»Laut der Aussage meines Kollegen handelt es sich aber um die Kleidung ihrer Mutter«, setzte Vollmer vorsichtig nach. »Ist sie hin und wieder einfach so durch die Gegend gefahren?« Er strich sich den Schweiß von der Stirn. Das passierte ihm häufig während eines Verhörs. Ein Grund, weshalb er diese Unterredungen lieber nicht mehr durchführen wollte.

»Obwohl es Februar war?«, fragte Frau Janßen-Mühlena. »Es herrschte zwar kein harter Frost, doch war es kein Wetter für eine Fahrradtour.« Sie zuckte mit den Schultern. »Ich habe einfach keine Erklärung. Überhaupt keine.«

Vollmer lehnte sich zurück. »Hatte Ihre Mutter Hobbys? Stricken, Handarbeitsklub? Vielleicht wohnte jemand auf dem Weg dorthin?«

»Sie gehörte einer Spinnkoppel an, und sie ging regelmäßig in Rysum zu den Weltklassikkonzerten im Fuhrmannshof 98 . Das passt alles nicht mit dieser Fahrt zusammen!«

»Wenn Ihnen noch etwas einfällt, melden Sie sich bitte!« Für Markus war das Gespräch vorerst beendet.

Inzwischen war Ludger eingetreten. »Geh ruhig«, sagte er zu Frau Janßen-Mühlena gewandt. »Du bist mit deinen Nerven am Ende.« Die schlüpfte an ihm vorbei und huschte nach draußen. Ludger sagte zu Markus: »Ich fürchte, die alte Janßen ist vom Weg abgekommen, vermutlich ausgerutscht, unglücklich gefallen und im Schlot ertrunken oder erfroren. Ist natürlich für die Tochter schwer, das zu akzeptieren.«

Vollmer schüttelte ungläubig den Kopf. »Das kann ich mir kaum vorstellen. In der Akte steht, sie hätte ein Fahrrad dabei gehabt. Mehrere Leute haben sie damit gesehen. Hat es sich in Luft aufgelöst?«

»Vielleicht hat sie es irgendwo abgestellt«, mutmaßte Ludger. »Oder sie wollte zu Fuß ganz woanders hin. Die Janßen-Mühlena trinkt gern mal einen über den Durst. Sie redet jede Menge, wenn der Tag lang ist«, winkte Ludger lapidar ab. »Vielleicht hat sie es einfach vergessen.«

»Aber die Strecke ist von Rysum aus doch ein Stück entfernt«, entgegnete Markus. Gleichzeitig fiel ihm der übermäßige Alkoholkonsum und das Verhalten seines Kollegen beim Boßeln ein. Hier tranken offenbar alle am Wochenende hin und wieder zu viel.

»In der Krummhörn gibt es keine Verbrecher«, lamentierte Ludger. »Das glauben nur die Krimiautoren, die sich in den letzten Jahren zuhauf in der ostfriesischen Einöde tummeln.« Er packte seine Stulle aus und biss herzhaft in die Salami, die sich fingerdick in der Butter aalte.

Markus Vollmer blätterte weiter in den Akten. Irgendetwas stimmte nicht. Er las sich alles noch einmal durch, schlug Seite um Seite um, begann von vorn. Während sich Ludger mit einem Computerspiel vergnügte, weil er der Ansicht war, man müsse jetzt ohnehin erst den Obduktionsbericht aus Oldenburg abwarten, wollte Markus sich jedes Detail einprägen.

Das Telefon klingelte, Ludger quälte sich an den Apparat, schnalzte mit der Zunge, und antwortete anschließend mit ernster Stimme: »Ja, wir kommen.«

Markus sah seinen Kollegen erstaunt an und schob die Akten beiseite.

»Wir müssen nach Pilsum. Verrückte wollen den Otto-Turm 99 dort besetzen!« Ludger rieb sich den rundlichen Bauch. »Es ist schon ein Witz! Den Otto-Turm besetzen! Sicher wieder nur ein Spaßvogel. Der Otto-Film ist nun so alt und hat noch immer Kultstatus.«

»Alle sind aber enttäuscht, wie klein der Pilsumer Leuchtturm ist«, ergänzte Markus.

»Eben doch eher der *Lücko Leuchturm* wie in dem Bilderbuch«, lachte Ludger. Ihm schien der Tod der alten Frau nicht weiter zu beschäftigen.

Markus hingegen ließ das keine Ruhe. »Weißt du eigentlich, an welchem Tag wir uns zum ersten Mal begegnet sind?«, fragte er.

Ludger ignorierte die Frage und trat kräftiger aufs Gaspedal. »Nicht, dass sie den schönen Turm noch beschädigen«, sagte er. »Wir sollten uns beeilen.«

Das Handy klingelte, Markus ging dran. Er begann laut zu lachen, als er hörte, was ihm die Stimme erzählte. »Ist gut, wir drehen um!«

Ludger bremste. »Wieso sollen wir umdrehen?«, fragte er.

»Weil es ein Versehen war. Die Kleinkunstbühne Pilsum 100 hatte sich dort getroffen, sie hatten einen Ortstermin. Irgendwer hatte das in den falschen Hals bekommen. Nun denn, wir können uns jetzt um die tote Frau kümmern. Wir haben wirklich Wichtigeres zu tun, als solchen Scherzkeksen nachzujagen.«

»Ich fahre kurz am Sperrwerk Leysiel 101 vorbei. Ich habe da gestern meine Zigaretten liegengelassen.«

Markus schüttelte den Kopf. Ludger wollte schlichtweg nicht wahrhaben, dass sie an diesem Morgen eine dramatische Entdeckung gemacht hatten und fuhr nun locker einen Umweg.

Je länger Markus darüber nachdachte, desto sicherer war er, dass dessen Unruhe mit seinem Besuch im Februar zu tun haben könnte. Es war eine reine Mutmaßung, aber Ludger wich stets aus, wenn er das Thema in die Richtung lenkte. Er hatte auch seine Frage eben wieder nicht beantwortet.

Er sah seinem Kollegen nach, wie er gemächlich über den Platz zum Schleusenwärterhaus schlenderte. Er war ganz dicke mit einem der Mitarbeiter dort. Nur heute war einfach nicht der Augenblick für eine solche Gleichgültigkeit. Markus kramte sein Handy aus der Tasche. Mit ein wenig Glück hatte er die Daten vom Winter noch nicht gelöscht. Er glaubte sich gerade an ein winziges Detail zu erinnern. Das ausschlaggebende Detail. Er scrollte nach oben und fand tatsächlich seinen Eintrag. Die Boßeltour war am 10. Februar gewesen, dem Tag des Verschwindens von Marlies Janßen.

Jetzt wusste Markus, was nicht stimmte. Nicht nur, dass die Frau an der damaligen Boßelstrecke zu Tode gekommen war: Vermutlich war sie ihnen sogar begegnet. Markus runzelte die Stirn. Erinnern konnte er sich spontan nicht daran.

Eine Gruppe mit Kindern, das war ihm gegenwärtig. Und Ludger, wie er ihnen mit lauter Klappe und mit seiner Truppe entgegengekommen war. Sein zukünftiger Kollege, wie sie ihn gleich aufgeklärt hatten. Schließlich fiel ihm auch die Frau ein. Nur vage, dann verschärfte sich die Erinnerung. Sie hatte es eilig gehabt mit ihrem schwarzen Oma-Fahrrad, wollte den Wurf nicht abwarten. Warum war ihm das entfallen?

Die Tür wurde aufgerissen und sein Kollege ließ sich stöhnend auf den Fahrersitz fallen. »So, die Fluppen hab ich wieder«, grinste er und startete den Motor.

Sie fuhren zurück nach Pewsum. Ludger bog rechts zur Manningaburg 102 ab. »Du hast für heute frei! Wir können nun nichts mehr tun und ich bin sicher, morgen lösen sich die Unklarheiten in Wohlgefallen auf. Mach dir nicht so viel Kopf. In Ostfriesland geht stets immer alles wie von selbst! Und wenn was sein sollte, werden wir noch genügend Überstunden schieben, glaube mir!« Er hielt am Parkplatz vor der Burg, die in ihrem leichten Gelb von der Sonne angestrahlt wurde. »Von hier hast du es ja nicht weit zu deiner Wohnung.«

Markus stieg wie ferngesteuert aus.

Ludger benahm sich merkwürdig. Warum versuchte er dermaßen hartnäckig zu leugnen, dass sich eben eine große Tragödie in ihrem unmittelbaren Bereich abgespielt hatte? Was zum Teufel war vor seiner Nase am Nachmittag des 10. Februars passiert? Wenn sein Kollege etwas wusste, würde der das nicht lange verbergen können.

Markus stellte sich an die Graft der Burg, ließ seine Augen über das ruhige Wasser gleiten. Hier hatte einst eine große, trutzige Anlage gestanden. Die noch verbliebenen Überreste der Vorburg spiegelten die Imposanz des einstigen Häuptlingssitzes nicht wider. Die Ostfriesen waren seit jeher ein eigenartiges Volk und regelten alle Dinge *stiekum* für sich. Auch einen Mord?

Ein Entenpaar zog schnatternd an ihm vorbei, Vollmer kramte in seiner Hosentasche und fand einen zerdrückten, eingepackten Keks, den er in einem Café zum Tee bekommen, aber nicht verspeist hatte. Gierig stürzten sich die Vögel auf die wenigen Krümel.

Markus beschloss, nicht zurück in seine Wohnung zu gehen, sondern zur Polizeidienstelle. Es widerstrebte ihm massiv, den Fall einfach so laufen zu lassen. Sein Instinkt sagte ihm, das etwas nicht stimmte und er war sich sicher, dass auch Ludger das ganz genau wusste.

Schon vom Flur her hörte Vollmer Stimmen. Sein Kollege war im Dienstzimmer nicht allein. Markus widerstrebte es zu lauschen, aber hatte er eine Wahl? Er schlich sich zur Tür, verharrte dort. Der zweite Tonfall klang zwar verhalten, Markus erkannte ihn jedoch. Es war eindeutig der von Frau Janßen-Mühlena. »Das Fahrrad steht noch im Schuppen. Hinter dem Holzstand! Das weißt du doch. Wohin hätte ich es denn verschwinden lassen sollen?«

»Auseinanderbauen und wegschmeißen wäre eine Lösung gewesen, wie es abgesprochen war!«, flüsterte Ludger. »Mein Kollege hat sich erinnert, dass deine Mutter seit dem Tag vermisst wird, als wir alle auf der Boßelstrecke waren.«

»So ein Schiet!«, sagte die Frauenstimme. »Aber sonst weiß er nicht das Mindeste. Wie sollte er auch? Und er darf nichts wissen«, schob sie nach. Jetzt hörte Markus Panik heraus.

Ludgers Stuhl schabte über den Boden. Er schien aufgestanden zu sein. »Hab keine Angst, Liebes. Niemand wird je erfahren, was passiert ist. Verlass dich drauf!«

Dann wurde es still.

Markus zog sich zurück. Es war besser, Ludger ahnte nicht, was ihm nun klar war. Sein Gefühl hatte ihn nicht getäuscht. Ludger Hinrichs kannte die Hintergründe des Todes von Marlies Janßen und er deckelte es. Markus musste nur herausfinden, weshalb.

Er beschloss, zu Frau Janßen-Mühlena zu fahren. Er würde das Fahrrad hinter dem Holzstapel finden und um eine Erklärung bitten. Sein Herz klopfte bis zum Hals, als er sich ins Auto setzte. Es war kein guter Einstand, gleich zu Beginn gegen seinen eigenen Kollegen zu ermitteln.

Mit Hilfe des Navis fand er das Haus sofort. Neben dem Wohngebäude lag eine Scheune, die Tür war nur angelehnt. Markus zögerte, erlaubt war nicht, was er nun tun wollte. Dennoch schlüpfte er hinein und schlich sich nach hinten durch. Dort befand sich tatsächlich ein Holzstapel. Vollmer räumte ein paar der Scheite beiseite und legte den Lenker eines alten Damenrades frei.

»Was machst du da?«, fragte eine Kinderstimme.

Markus schnellte herum. »Wer bist du?«

Vor ihm stand ein etwa elfjähriger Knirps mit mandelförmigen Augen und einem schiefen Lächeln im Gesicht. Trisomie 21, diagnostizierte Markus im Stillen.

»Ich bin Joost.«

»Wohnst du hier?« Im Kommissar regte sich eine weitere Erinnerung. Er kannte den Jungen, nur hatte der im Winter eine grüne Pudelmütze aufgehabt.

Joost nickte. »Ja, und das Fahrrad gehörte meiner Omi. Die lebt jetzt im Himmel, nicht mehr in Rysum.«

»Deine Oma wohnt im Himmel«, wiederholte Markus. »Seit wann weißt du das?«

»Schon ganz lange weiß ich das. Sie ist erst in den Schlot gefallen und dann in der Wolke hoch geflogen.« Joost schniefte mit der Nase.

Markus sah ihn fragend an, denn der Junge schien recht gelassen mit der Situation umzugehen.

»Ich soll das aber nicht erzählen, weil Oma nicht im Himmel bleiben kann, wenn jemand das weiß!« Er schlug sich die Hand vor den Mund und ihm traten Tränen in die Augen. Er rannte davon.

»Hey, Joost!«, rief Markus ihm nach. »Warte! Ich bin von der Polizei. Mir darfst du das sagen! Dabei passiert deiner Oma nichts.«

Joost stoppte. »Wirklich?«

»Wirklich!«

»Wir haben geboßelt und ich bin ein guter Boßler«, sagte

der Junge, als er langsam zurücktrottete. »Aber Oma war zu schnell, ich hab sie nicht gesehen. Meine Kugel hat ihr Rad getroffen. Und rumms… ist sie auf die Straße gefallen.«

»Und Mama und Ludger haben sie in den Graben geworfen?«

»Von da geht es in den Himmel.«

Markus schluckte. »Hat euch denn keiner bemerkt?«

Joost stieß mit der Fußspitze im Dreck herum. »Die anderen waren schon nach Hause gegangen. Ludger wollte mir zeigen, wie ich Weltboßler werde!« Joost hatte die Tragik um das Geschehen mit seiner Oma bereits wieder verdrängt und zeigte einen Ausfallschritt mit Wurf.

Markus hatte genug gehört. Die Obduktion würde die Aussage des Jungen bestätigen. Er legte den Arm um ihn. »Jetzt darf deine Oma für immer im Himmel bleiben, weil die Polizei sie nun schützen kann.«

Joost lächelte. Markus hatte ihm eine große Last genommen.

Der zückte sein Handy und rief die Kollegen in Norden an. Bis sie eintrudelten, konnte er sich seine nächsten Schritte überlegen, ganz ungeschoren würde Ludger da nicht herauskommen.

FREIZEITTIPPS:

91 Warfendorf Rysum

Fernab von jeglichem Touristenrummel liegt das kleine Warfendorf Rysum, ein Kleinod unter den Warfendörfern. Rysum war Herrlichkeit und Häuptlingssitz und hat insgesamt einen Durchmesser von nur 400 Metern. Alle Gassen laufen sternförmig auf die Kirche zu.

Hier heißt es: Aussteigen und zu Fuß durch die engen Wege wandern. Augenblicklich fühlt man sich in eine längst vergangene Epoche zurückversetzt. In Rysum scheint die Zeit stehengeblieben zu sein. Landarbeiterhäuser wechseln sich ab mit großen Bauernhöfen. Nachdem man den Ort durchlaufen hat, lohnt ein Blick in die Kirche. Dort befindet sich die älteste bespielbare Orgel Nordeuropas aus dem Jahr 1457.

Mehr unter: www.rysum.org

92 Treetbootfahren in Greetsiel

Es macht Spaß, sich in Greetsiel ein Treetboot zu mieten. Der Besucher erlebt den Ort von der Wasserseite aus auf sehr beschauliche Art. Wer mag, kann das Dorf auch verlassen und hat auf diese Weise einen wundervollen Blick über die ostfriesische Landschaft. Die Treetboote sind gleich am Ortseingang hinter der zweiten Mühle zu chartern.

93 Kutterkorso in Greetsiel

Auf keinen Fall sollte man den Kutterkorso im Sommer in Greetsiel verpassen. Dem Zuschauer bietet sich ein malerisch schöner Anblick, wenn die ungefähr 25 geschmückten Krabbenkutter auslaufen. Und selbstverständlich gibt es auch Plätze zum Mitfahren, aber aus versicherungstechnischen Gründen erst für Kinder ab sechs Jahren. Im Hafen wird indes ein buntes Rahmenprogramm geboten: kulinarische Delikatessen, Musik und Krabbenwettpulen … Es ist alles dabei. Der Korso dauert circa vier Stunden.

94 Schlickschlittenrennen in der Wattarena Upleward

Das Schlickschlittenrennen ist ebenfalls ein Highlight, das man besser nicht verpassen sollte. In der ausgewiesenen Wattarena finden verschiedene Wettkämpfe statt.

Der Zuschauer erlebt den Einmarsch der *Wattathleten*, die ostfriesischen Wattspiele mit Wattfußball und Aalsprint. Als Leckerbissen der schlammigen Angelegenheit endet es im Schlickschlittenrennen *Wältmeisterschaft* in drei Disziplinen Sprint, Reusenlauf und Staffel. Ein Heidenspaß!

95 Geburtshaus der Hermine Heusler-Edenhuizen

Gegenüber der Manningaburg befindet sich das Geburtshaus der berühmten ersten Frauenärztin Hermine Heusler-Edenhuizen. Sie wurde 1872 auf der Burg Pewsum geboren und starb 1955 in Berlin. Sie war Gründungsvorsitzende des *Bundes Deutscher Ärztinnen* und eine engagierte Frauenrechtlerin.

96 Ostfriesisches Landwirtschaftsmuseum

Das ostfriesische Landwirtschaftsmuseum befindet sich in Campen direkt an der Hauptstraße. Es bietet einen ausführlichen Einblick in die ostfriesische Landwirtschaft. Dieser Zweig ist ein wesentlicher Bestandteil der hiesigen Geschichte, nahm Einfluss auf das Land und die sozialen Strukturen. Neben der Ausstellung kann der Besucher auch auf einem 18 PS starken Deutz Oldtimertraktor die Krummhörn kennenlernen. Mit einer Maximalgeschwindigkeit von 20 km/h geht es durch die Landschaft. Außerdem gibt es die Möglichkeit, bei *Proten bi Tee un Krintstuut* plattdeutschen Geschichten bei einer Tasse Tee zu lauschen.

97 Pünte Loquard

Der Ort an sich ist einen Besuch wert. Besonders erwähnenswert ist die Pünte.

Diese Fähre ist für Radfahrer und Fußgänger gedacht, die sich mittels eigener Muskelkraft über das sogenannte Tief ziehen können. Tief ist gleichbedeutend mit Wasserlauf. Am Ende des Loquarder Tiefs befindet sich die Pünte. Unbedingt ausprobieren!

98 Weltklassik am Klavier im Rysumer Fuhrmannshof

Wer denkt, die Krummhörn habe keine weltklassische Kultur zu bieten, sei hier eines Besseren belehrt. Jeden letzten Samstag im Monat finden im Rysumer Fährmannshof Klavierkonzerte unter dem Motto *Weltklassik am Klavier* statt. Die Musiker kommen aus aller Welt, sogar aus Israel und China. Meist präsentieren sie Werke aus der Klassik, dem Barock oder der Romantik. Der Zuhörer wird von den Klängen Schuberts, Chopins, Beethovens, Haydns und vielen anderen in den Bann gezogen.

99 Pilsumer Leuchtturm

Der Pilsumer Leuchtturm ist wohl der bekannteste in ganz Ostfriesland, allein deswegen, weil Otto Waalkes ihn zum Wohnort in seinem Film erkoren hat. Allerdings ist er in der Realität doch erheblich kleiner, nämlich lediglich 11 Meter hoch, und entspricht eher dem in der Kinderbuchlektüre *Lükko Leuchtturm* von Bernd Flessner. Der gelb-rote Turm steht auf dem Deich in Pilsum und ist schon von Weitem gut zu erkennen. Für Otto-Fans ist der Leuchtturm sicher ein Muss.

100 Kleinkunstbühne Pilsum

In Pilsum auf der Warf 1 ist die Kleinkunstbühne *Sehr kleines Haus* mit ihren Comedy- und Kabarettprogrammen zu Hause. Ein Besuch dort ist äußerst empfehlenswert. Bitte beachten, dass man vor der Bühne selbst nicht parken kann. Vom Parkplatz an der Bushaltestelle aus sind es jedoch nur drei Gehminuten. Das Theater befindet sich in der Dorfmitte gegenüber der Brauerei in einem Anbau.

101 Sperrwerk Leysiel

Das Sperrwerk Leysiel ist recht imposant. Es hat eine Breite von 30 Metern und unterstützt die Entwässerungsmaßnahmen der Anlagen Greetsiel und Leybuchtsiel. Der dahinterliegende Speichersee umfasst 200 Hektar und dient als Auffangbecken, vor allem, wenn bei Sturmflut das Binnenwasser nicht in die See abfließen kann. Hinzu kommt eine große Seeschleuse, in der bis zu acht Kutter gleichzeitig abgefertigt werden können. Das Sperrwerk ist ein wichtiges Bauwerk zum Küstenschutz.

102 Manningaburg Pewsum

Die Manningaburg ist von einer breiten Graft umgeben und ursprünglicher Wohnsitz der Manningas im 15. Jahrhundert. Von der damals sehr großen Burganlage steht heute nur noch die gelb getünchte Vorburg. Sie liegt mitten im Ort Pewsum und ist gut ausgeschildert, zumal die Burg der Öffentlichkeit zugänglich ist. Im Inneren befindet sich ein kleines Museum, unter anderem mit einer Modellanlage der originären Burg. Es ist ebenfalls möglich, auf der Manningaburg zu heiraten. In der Saison von Mai bis Oktober ist sie täglich geöffnet, gern auch mit Führung.

10. BROOKMERLAND / STÖRTEBEKERLAND UND SÜDBROOKMERLAND UND UMZU

Südbrookmerland und Brookmerland haben sich im Laufe der Zeit zu zwei Gemeinden entwickelt. Brookmerland heißt so viel wie Bruchlandschaft, was wiederum nichts anderes bedeutet, als dass der Geestrücken von flachen Binnenseen durchsetzt war. Teilweise war in früheren Phasen auch Bruchwald dort zu finden.

Brookmerland ist eine Samtgemeinde und liegt im nördlichen Landkreis Aurich.

Der Verwaltungssitz ist in Marienhafe.

Das Brookmerland bezeichnet sich selbst gern als Störtebekerland und lädt zu ausgiebigen Fahrradtouren ein, wo man an den verschiedensten Orten verweilen kann. Golfen, Reiten, Wandern, dazu mannigfaltige kulturelle Veranstaltungen. Das Brookmerland bietet sogar explizite ostfriesische Erlebnisreisen an. Selbst ein kleiner Zoo ist hier zu Hause.

Das Südbrookmerland zeichnet sich durch Hoch- und Niedermoore aus. Ausflugsziele gibt es in dieser faszinierenden Naturlandschaft genug. Die Sehenswürdigkeiten reichen vom Großen Meer bis hin zum Moormuseum in Moordorf. Ein kultureller Höhepunkt ist der Gulfhof Ihnen. Daneben befindet sich die KZ-Gedenkstätte Engerhafe.

Kontakt:
AG Störtebekerland-Brookmerland
Hauptstraße 81
26524 Hage
Tel. 04936 918435

Südbrookmerland Touristik GmbH
26624 Südbrookmerland
Am Meer 1
Telefon: 04942 - 5666
E-Mail: info@grossesmeer.de
Internet: www.grossesmeer.de

DIE SCHULD DES LAMAS

Hi Taalke,
ich habe richtig Angst und weiß absolut nicht, was ich machen soll. Ich will Jens doch nicht verlieren. Wenn ich aber nicht das tue, was er verlangt, wird er mich nicht mehr ernst nehmen. Er hat seine Idee schon bei der Kohlfahrt 103 kundgetan. Dass er Kohlkönig geworden ist, muss ihm zu Kopf gestiegen sein. Vielleicht war es auch der viele Korn. Ich habe die ganze Zeit gehofft, er hätte es vergessen, doch nun ist Sommer und er hat tatsächlich gestern wieder davon gesprochen.
Gruß Sina

Liebe Sina,
geht es noch immer um diesen Versicherungsbetrug?

Hi Taalke,
ja genau. Er fühlt sich wie Klaus Störtebeker, quasi als Nachfahre seiner Art. Immerhin habe der seinen Turm in Marienhafe 104 und wir Ostfriesen damit eine Verantwortung, in seinem Sinne zu handeln.

Liebe Sina,
das ist völlig abgefahren. Wir sind der Biografie nach, gerade hier im Südbrookmerland, auch alte Moorbauern. Sollen wir deshalb weiter in zugigen Katen wie im Moormuseum 105 wohnen? Das ist doch hirnrissig und eine seltsame Logik. Stellt die Versicherung für Jens die Hanse dar, die er bekämpfen will?

Hi Taalke,
 so scheint es zu sein. Ich weiß nicht, wie ich es ihm ausreden kann.

Liebe Sina,
 Hauptsache, du bist nicht dabei! Lass dich auf nichts ein. Auf gar nichts!

Hi Taalke,
 VERSPROCHEN

Zwei Tage später

Hi Taalke,
 die Polizei verfolgt uns. Ich weiß nicht mehr ein noch aus!

Liebe Sina,
 hast du doch mitgemacht? Wo steckst du?

Hi Taalke,
 ja, mir blieb keine Wahl. Und nun habe ich mich am Großen Meer **106** verkrochen, da, wo dieser Fahrradweg endet.

Liebe Sina,
 welcher Fahrradweg? Diese Route 900 **107** oder der Meerweg **108**?

Hi Taalke,
 ich hab jetzt keine Zeit, dich über Radwege aufzuklären, aber von beiden Touren weiß ich nichts. Glaub nicht,

dass die hier entlangführen. Ich weiß auch nicht, ob dieser Weg, wo ich mich verstecke, eine feste Route ist oder sogar einen Namen hat. Es ist einfach ein Weg, da fahren viele entlang. Lassen wir das. Ich sitze im Schilf und habe echt Schiss. Am großen Ufer ist Sommerfest **109**, da hinten steppt der Bär. Mich darf wirklich niemand entdecken!

Liebe Sina,
dann bist du in der Nähe vom Campingplatz?

Hi Taalke,
so ist es. Da ist ein Zulauf zum Großen Meer, davor ein kleiner Tümpel. Und ein Stück weiter steht ein Aussichtsturm. Parken kann man auch.

Liebe Sina,
ich fahre augenblicklich los. Wir bleiben über WhatsApp in Kontakt, während ich zu dir komme. Aber sag mir, was ihr denn genau getan habt? Warum nur hast du Jens nicht einfach sein Ding allein machen lassen? Er ist ein Idiot!

Hi Taalke,
weil ich ihn liebe, vielleicht?

Sina!!!!!
Schöne Liebe, wenn man daran zugrunde gehen soll. Ich versteh dich nicht!

Hi Taalke,
Augenblick!
…

...
So, bin wieder da, habe Martinshörner gehört und musste mich ducken, weil eine Radwandergruppe vorbei kam. Wie schräg ist das alles?

Liebe Sina,
schreib, was ihr genau angestellt habt! Ich bin auf dem Weg und hole dich.

Hi Taalke,
dann machst du dich mit strafbar. Lass es besser! Also: Jens kam heute zum Kiessee 110 und sagte, ich müsse ihnen helfen. Sie hätten die Kiste an der Gedenkstätte KZ Engerhafe 111 abgestellt, auf dem hinteren Parkplatz am Gulfhof Ihnen 112. Dorthin soll ich jetzt mitkommen, damit wir das Ding drehen können!

Liebe Sina,
und du hast dann dein Handtuch ganz folgsam eingepackt und Jens' Anweisungen widerstandslos Folge geleistet? Genau wie damals, als ihr in den Schlosspark der Lütetsburg 113 eingestiegen seid, um dort eine private Fete zu feiern. War dir das keine Lehre?

Hi Taalke,
das war etwas anderes! Das war unser Jubiläum! Der Zweck heiligt die Mittel! Jetzt aber sitze ich mit diesem bescheuerten Diebesgut im Schilf und weiß nicht, wohin ich gehen soll. Alles ist nass und kalt. Es fällt doch auf, wenn ich so durch die Gegend stolpere, zumal sie mich suchen.

Liebe Sina,
 wo ist denn Jens? Wo seine feigen Kumpels?

Hi Taalke,
 keine Ahnung. Es gab eine wilde Verfolgungsjagd. Irgendwann hat er mich hier abgeladen und ist weitergerast.

Liebe Sina,
 er hat dich einfach mit dem Diebesgut im Schilf versenkt wie eine Fracht? Ich fasse es nicht! Was ist das für ein mieser Typ? Er kann dich da doch nicht allein lassen! Wohin wollte er? Denk nach!

Hi Taalke,
 vielleicht nach Hause nach Osteel?

Liebe Sina,
 unwahrscheinlich. Da suchen sie ihn zuerst. Aber nun sag, was ihr weiter getan habt. Er hat dich also am Kiessee abgeholt und ihr seid nach Engerhafe gefahren.

Hi Taalke,
 genau. Dort haben wir die *Tüten* von Sebastians Motorrad abgebaut und sind weggefahren.

Liebe Sina,
 die Tüten?

Hi Taalke,
 die Auspuffrohre, diese großen silbernen Dinger. Sind wirklich sperrig. Ich habe sie mir unter die Arme geklemmt, eins rechts, eins links und wir sind über Land bis Rechts-

upweg gefahren. Wir dachten, das sei eine sichere Sache. War es dann nicht.

Liebe Sina,
wie blöd muss man denn sein? Bei helllichtem Tag mit einem solch sperrigen Diebesgut unter den Armen durch die Gegend zu fahren?

Hi Taalke,
es war eigentlich eine todsichere Sache. Sebastian wollte den Diebstahl erst eine Stunde später melden, bis dahin wären wir lange in Ostteel. Jens sagte, man könne es eine Weile aufbewahren und wenn die Versicherung gezahlt hätte, besäße er zwei weitere Tüten und Sebastian könne sich dann die neuen dranschrauben. So hätten beide was davon.

Liebe Sina,
was für ein bescheuerter Plan. Jens und Sebastian profitieren. Aber du nicht! Und was ist schiefgelaufen? Was ist dazwischengekommen und hat den *wasserdichten* Plan gesprengt?

Hi Taalke,
die Polizei ist uns dazwischen gekommen. Im Rechtupweg am Tierpark 114. Da ist idiotischerweise ein Lama ausgebüxt und sie waren mit zwei Streifenwagen da.

Liebe Sina,
das klingt jetzt weiter nach einem verdammt dämlichen Verlauf …

Hi Taalke,

du sagst es. Mehr als dämlich. Sie haben uns angehalten. Eigentlich, weil keiner dieses Vieh überfahren sollte. Aber dann haben sie gesehen, was ich in der Hand habe.

Liebe Sina,

ich gehe davon aus, dass sie nachgefragt haben.

Hi Taalke,

so ist es. Und Sebastian, der Blödi, hatte seinen Diebstahl auch just in dem Augenblick durchgegeben. Er hatte wohl keine Lust mehr, länger zu warten, und hat früher angerufen. Wäre ja auch kein Ding gewesen. Wenn die Sache mit dem Lama nicht dazwischen gekommen wäre … Mann, mir ist arschkalt. Ich muss hier weg. Nur haben die Bullen mein Gesicht gesehen! Die erkennen mich wieder! Ich hab echt Schiss.

Liebe Sina,

kann ich verstehen und ich bin auch schon auf dem Weg. Ich hol dich da raus. Aber wie seid ihr entkommen? Immerhin sitzt du im Schilf und nicht auf der Polizeiwache.

Hi Taalke,

Jens hat Gas gegeben. Wie ein Stuntman! Und wir sind geheizt, als gehe es um unser Leben!

Liebe Sina,

lese ich da jetzt tatsächlich Bewunderung für diesen Typen?

Hi Taalke,

sorry, ja! Ich liebe ihn! Sagte ich bereits.

Liebe Sina,

schreib weiter! Biege gleich zum Großen Meer ab.

Hi Taalke,

bei unserer Flucht sind wir über Wirdum **115** Richtung Großes Meer gefahren. Bis hier eben. Wo jetzt Jens steckt, würde ich auch gern wissen. Vielleicht haben sie ihn schon gefasst!

Liebe Sina,

er ist echt ein Blödmann, dich mit dem Diebesgut abzusetzen. Was machst du denn nun mit diesen Auspuffdingern?

Hi Taalke,

die versenke ich am besten und später werde ich sie mit Jens bergen. Wenn in zwei Tagen Gras über die Sache gewachsen ist. Hat er gesagt.

Liebe Sina,

du glaubst dem auch alles. Lass die Teile verschwinden oder liegen und komme langsam aus deinem Versteck. Ich stehe jetzt am Parkplatz!

Hi Taalke,

ich sollte sie sichern. Damit Jens sie finden kann.

Liebe Sina,

vergiss es! Das ist sein Problem, wie er da raus kommt. Avanti!

Hi Taalke,
 einen Moment noch ...
 ...
 komme jetzt
 ...
 Taalke?
 ...
 Taalke?
 ...

Liebe Sina,
 sie stehen vor deinem Versteck. Komm raus, es ist vorbei!

Hi Taalke,
 wie sind die denn auf mich gekommen?

Liebe Sina,
 Jens, der Feigling, war so frei, ihnen zu sagen, wo du dich versteckst. Er trägt die Schuld!

Hi Taalke,
 oh nein! Schuld ist nur dieses verdammte Lama! Dieses blöde Vieh, das ausgerechnet heute nicht im Gehege bleiben wollte ...

FREIZEITTIPPS:

103 Kohlfahrt
Zu Ostfriesland gehört Grünkohl. Und zwar auf genau ostfriesische Art. In der Region geht man nicht einfach nur essen, es finden Kohlfahrten statt, wo das Grünkohlessen zelebriert wird. Entweder zieht man mit dem voll bepackten Bollerwagen durch die ostfriesische Landschaft und boßelt, oder aber man bucht einen Trecker mit Anhänger und lässt den Alkohol dabei in Strömen fließen, um sich gegen die Kälte zu wappnen, denn Kohlfahrten macht der Ostfriese ausschließlich im Winter. Nach der Tour kehrt die Gruppe ein und isst den Kohl mit Kartoffeln, Kassler, Pinkel, Mettwurst und Schweinebauch.

Alternativ kann auch mit Teebeuteln oder Besen geworfen werden, da sind die Einheimischen äußerst einfallsreich.

Am Ende gibt es noch einen Schluck und Kohlkönig wird der, der am meisten Grünkohl verspeist hat.

104 Störtebekerturm in Marienhafe
Der Störtebekerturm gilt als Wahrzeichen von Marienhafe. Er überragt den ganzen Ort. Eigentlich handelt es sich um die Marienkirche, die im 13. Jahrhundert errichtet wurde. Die Kirche selbst hat eine interessante Geschichte, die von einem Brand bis zu einem bedeutenden Seezeichen reicht. Im Innenraum befindet sich ein Taufstein aus dem 13. Jahrhundert, die Orgel stammt aus dem Jahr 1437 und ist eine der ältesten in Ostfriesland. Klaus Störtebeker soll im 14. Jahrhundert einst in diesem Turm gelebt haben.

Deshalb hat man im ersten Stock die Störtebekerkammer und ein Museum eingerichtet, das von seiner Zeit und der Marienhafes als Hafenstadt erzählt. Von dort aus kann man auch über engen, schmalen Stufen zur Aussichtsplattform auf den Turm gelangen und hat einen beeindruckenden Blick über Ostfriesland. In Marienhafe finden jährlich unter freiem Himmel die *Störtebeker Spiele* statt.

105 Moormuseum Moordorf

Das Moormuseum in Moordorf ist einfach faszinierend. Nicht umsonst strömen dort alljährlich die Gäste in das *Museum der Armut*. Inmitten der urwüchsigen Moorlandschaft hat der Verein **Moormuseum Moordorf e. V.** die Geschichte einer ostfriesischen Moorkolonie nachgebaut und ausgestellt. Der Besucher erlebt nicht nur die Entwicklungen im Hausbau, sondern bekommt anschaulich vermittelt, unter welch widrigen Bedingungen die einstigen Moorbauern leben mussten, und wie schwer sie es in den 200 Jahren hatten.

Das Museum bietet verschiedene Führungen an, besonders empfehlenswert ist die Laternenführung (Schienenfattlopen), die bei Dunkelheit stattfindet. Bitte dafür vorher anmelden.

106 Großes Meer

Das Große Meer hat eine Fläche von etwa 460 Hektar und ist somit der größte Binnensee Ostfrieslands. Der nur circa einen Meter tiefe Flachmoorsee bietet allen Wassersportlern, Bade- und Ausflugsgästen ein vielfaches Angebot und ist sehr beliebt. Der

Südteil ist ein Naturschutzgebiet und deshalb für den Wassersport gesperrt. Ansonsten kann der See allerdings ausgiebig genutzt werden. Kanuten, Segler und Surfer finden hier ideale Bedingungen, wenn sie den Sport auf einem Binnengewässer lieben. Der Campingplatz liegt wunderschön, direkt am See. Und wer die Gegend von den Wasserläufen aus betrachten und erleben will, ist gut beraten, sich in der Paddel- und Pedalstation ein Kanu auszuleihen.

107 Route 900

Die Route 900 ist eine ganz außergewöhnliche Radwanderroute. Ihren Namen verdankt sie dem Umstand, dass man 900 Jahre Geschichte erleben kann. Über knapp 31 Kilometer führt die Strecke an fünf Museen und Sehenswürdigkeiten vorbei. Das Dörpmuseum Münkeboe ist dabei, das Moormuseum in Moordorf, die KZ-Gedenkstätte Engerhafe mit dem Gulfhof Ihnen und der Kulturkreis tom Brook in Oldeborg.

108 3-Meeres-Weg

Eine weitere Radwanderroute ist der 3-Meeres-Weg. Er führt als Rundkurs, durch Naturschutzgebiete, einsame und verlorene Strecken und ist ungefähr 15 Kilometer lang. Unterwegs laden Schutzhütten zu Picknick und Rast ein. Der Weg kann natürlich genauso gut zu Fuß erwandert werden. Als erste Attraktion ist zum Überqueren des Marscher Tiefs eine Pünte zu benutzen. Eine Pünte ist eine von Hand betriebene Fähre, die mit eigener Muskelkraft bewegt wird. Von dort fährt oder wandert man zum Loppersumer Meer. Über eine zweite Fährstelle gilt es, das Marscher Tief ein weiteres Mal zu überqueren. Hierfür benötigt man in der Regel etwas länger und schließlich gelangt man ans Große Meer. Der 3-Meere-Weg ist vom 15.4.–15.10. in der Zeit von 8–20 Uhr befahrbar. Radwanderkarten sind in der Touristinfo erhältlich.

109 Sommerfest am Großen Meer

Wer Spaß am Spaß hat, ist hier genau richtig. Jedes Jahr am ersten Augustwochenende findet das Sommerfest auf dem Gelände der Paddel- und Pedalstation statt. Höhepunkt ist jedes Mal die Kanuregatta, bei der sich lustig verkleidete Gesellen mit ihren Kanus in Geschwindigkeit und Ausdauer messen und am Ende auch für ihre Kostüme prämiert werden.

110 Freizeitanlage Kiessee/Großheide

Was ist ein Sommerurlaub, ohne baden zu gehen? Dabei muss es ja nicht immer die Nordsee sein. Die Freizeitanlage am Kiessee mit ihrem naturbelassenen Strand lockt zum Schwimmen und Plantschen, Spazierengehen und Volleyballspielen. Allerdings gibt es keine Badeaufsicht.

111 KZ Engerhafe

Der Nationalsozialismus hat auch in Ostfriesland seine Spuren hinterlassen. In Engerhafe kann man die Gedenkstätte des Konzentrationslagers Engerhafe besuchen. Dieses Lager war eine Außenstelle vom Lager Neuengamme, das sich in der Nähe der Kirche befand. Dort starben unter barbarischen Bedingungen 188 Menschen innerhalb von zwei Monaten.

Insgesamt waren etwa 2.000 Männer aus meist politischen Gründen inhaftiert.

112 Gulfhof Ihnen in Engerhafe

Der Gulfhof Ihnen besticht durch mannigfaltige Veranstaltungen und dient zur Förderung des heimatlichen Brauchtums. Der Hof ist ein typischer ostfriesischer Gulfhof, er liegt an der Kirche von Engerhafe.

Die im Gulfhof stattfindenden Musik- und Literaturveranstaltungen sind immer eine Reise wert, denn nirgendwo sonst bekommt man in einem solch wunderbaren historischen Ambiente hochklassige ostfriesische Kultur geboten.

113 Schloss und Schlosspark Lütetsburg

Die Lütetsburg liegt etwas außerhalb von Norden, gehört zur Gemeinde Hage / Lütetsburg und zum Landkreis Aurich. Der Schlosspark allein ist von seiner Anlage her einzigartig schön und inspirierte schon Fontane zu einem Gedicht.

Die Lütetsburg wurde von Lütet Manninga erbaut und wegen zahlreicher Zerstörungen mehrfach umgebaut. Die heute zu findende Schlossanlage wurde auf den Grundmauern von 1517 errichtet. Sie umgibt ein Schlosspark, den der Besucher auch unter fachkundiger Führung genießen kann. Flanieren Sie durch den historischen Schlossgarten über prächtige Alleen wie die einstigen Häuptlinge.

114 Rechtsupweg Tiergarten

Mitten in Ostfriesland befindet sich ein liebevoll geführter kleiner Tiergarten auf 28.000 Quadratmetern. In der Anlage kann der Besucher Lamas, Vögel, Zwergziegen, Waschbären, Affen und viele weitere Tierarten bestaunen. Alle Gehege sind von einem gepflegten Park umgeben, ein einladender Spielplatz nebst Streichelzoo und einem Café runden den Ausflug ab.

115 Wasserpumpmühle Wirdum

Diese kleine Wassermühle ist die einzige Doppelkolbenwasserpumpe ihrer Art in Deutschland, die noch funktionstüchtig ist. Früher diente sie der Entwässerung, später sorgte sie für die Wasserversorgung des Viehs auf dem Land. Sie wurde 1872 erbaut und ist windbetrieben. Mit einer Gesamthöhe von lediglich knapp sieben Metern und einem Flügeldurchmesser von vier Metern unterscheidet sie sich schon rein äußerlich von den Mühlen, wie man sie landläufig kennt. Seit 1919 ist die Wirdumer Wassermühle außer Betrieb, wurde aber 1984 unter Denkmalschutz gestellt und von der Gemeinde Wirdum restauriert.

11. EMDEN

Emden ist als Seehafenstadt bekannt und die größte Stadt Ostfrieslands mit einer sehr bewegten Geschichte.

Emden liegt am Dollart und an der Emsmündung, was sie bereits in frühen Zeiten zu einer attraktiven Hafenstadt machte. Historisch gelangte sie vor allem wegen ihrer Religionsgeschichte zu größerer Bedeutung, die Stadt wurde zeitweise sogar neben Wittenberg und Genf als drittes reformatorisches Zentrum gehandelt.

Das Stadtbild ist geprägt von der Moderne in Korrespondenz zu schönen Gassen und alten Bauten. Im Mittelpunkt der Altstadt liegt der Ratsdelft, der früher, zusammen mit dem Falderndelft, als Hafen und als Handelsstätte diente. Am Ratsdelft liegen heute das Feuerschiff und andere Museumsschiffe, die weiterhin für maritimen Flair sorgen. Als Delft bezeichnet man ein natürliches Gewässer, das vom Menschen vertieft und verbreitert wurde. Die Delfttreppe vor dem Emder Rathaus ist eine der Anlegestellen für die Grachtenbootfahrten.

Der große Seehafen Emdens ist überregional bekannt. Auch die angesiedelten Volkswagenwerke, die Nordseewerke und natürlich Otto Waalkes und Karl Dall, deren Wiege hier stand, sind Begriffe, die untrennbar mit der Stadt verbunden sind. Ein Besuch in Emden und Umland ist in jedem Fall empfehlenswert.

Ein Besuch der ehrwürdigen a Lasco Bibliothek, in der Kunsthalle oder im Landesmuseum sind ein Muss. Wer es romantisch mag, dem sind die Grachtenfahrten ans Herz gelegt, wer gern lacht, sollte sich *Dat Otto Huus* nicht entgehen lassen. Geschichtsträchtig geht es im Bunkermuseum zu oder auch auf dem Feuerschiff.

Daneben bietet sich Emden aber auch als gemütliche Einkaufsstadt mit ansprechenden Geschäften an. Im Umland darf man sich den schiefsten Turm der Welt nicht entgehen lassen, denn der Kirchturm von Suurhusen hat einen erheblich stärkeren Neigungswinkel als der Schiefe Turm von Pisa.

Anfahrt:
  Mit der Bahn: direkt bis Emden
  Mit dem PKW: über die A 31 bis zum Ende

Kontakt:
  Tourist Information
  Bahnhofsplatz 11
  26721 Emden
  Tel: 04921/97400

DIE KLEINE SCHWESTER VON MOLLY MALONE

Als Petra Erdmann zum ersten Mal durch Emden spazierte, fiel ihr die eher unscheinbare Skulptur am Ratsdelft auf. Ein Mädchen mit einer Schale Heringen in der Hand. Jantje Vis 116 . Die Kommissarin rührte das Bild und augenblicklich fühlte sie sich sehr wohl in der Stadt. Die Statue erinnerte sie an die von Molly Malone in Dublin. Sie hatte bei ihrer letzten Reise dorthin mit ähnlicher Faszination davor gestanden. Ein armes Mädchen, dass sich aus der Not heraus an Männer verkaufte und elendig hatte sterben müssen. Erst kürzlich hatte sie in einen vergleichbaren Fall in Wilhelmshaven ermittelt. Bevor sie die Stadt endgültig verlassen hatte.

Petra schüttelte sich. Vor ihr lag ein neues Leben. Sicher würde sie kein zweites Mal mit einer solchen Tragödie konfrontiert werden. Das alles lag hinter ihr.

Von jetzt an durfte sie in Emden arbeiten. Direkt am Dollart gelegen, mitten in Ostfriesland. Sie sog die Luft tief ein und beobachtete das Treiben am Ratsdelft. Das Feuerschiff 117 wurde von der Sonne angestrahlt. Alles war gut.

Zunächst wohnte die Kommissarin in einem wunderbaren Zimmer im Upstalsboom Parkhotel, denn ihre Wohnung war noch nicht bezugsfertig. Sie spazierte weiter, ihr Dienst begann morgen, bis dahin plante sie, die Schönheiten der Stadt zu genießen. Jetzt wollte sie den Pelzerhäusern 118 einen Besuch abstatten und am Nachmittag die Kunsthalle 119 aufsuchen. Sie war schon ewig nicht mehr in einer solchen Einrichtung gewesen. Als Mittagessen schwebte ihr Emder Matjes mit Zwiebeln und Bratkartoffeln vor. Zunächst aber stand ihr der Sinn nach Tee. Sie steuerte auf ein Lokal zu, als ihr Handy in der Tasche vibrierte. Ihr neuer Vorgesetzter war am Apparat.

»Klaus Garner hier«, begann er. Es sollte freundlich klingen, aber Petra hörte die warnenden Zwischentöne durchaus heraus. »Ich weiß, dass wir Sie erst für morgen eingeplant haben, doch wir haben ein Problem.«

Petra konnte sich denken, um was es sich handelte, denn ein Problem bedeutete eine schwerwiegende Straftat, für die, wie überall, nicht genügend Personal zur Verfügung stand. »Ich soll schon jetzt zum Dienst kommen?«, fragte sie aus alter Gewohnheit wie von selbst. Ihr Vertrag lief bereits. Wenn ihr Chef es verlangte, hatte sie ohnehin keinen Wahl. »Um was geht es?«

»Eine Tote am Kirchturm von Suurhusen [120].«

»Diese Kirche mit dem schiefsten Turm der Welt? Der, der schiefer ist als der von Pisa?« Petra Erdmann hatte davon gelesen.

»Ja, genau dort.« Ihr fiel seine belegte Stimme auf, die nichts Gutes verhieß.

»Um was geht es genau?«, fragte die Kommissarin.

»Ein junges Mädchen. Sechzehn, vielleicht siebzehn Jahre alt. Lag bei den Grabsteinen.«

Petra schluckte. »Weiß man, wie lange sie dort schon liegt?«

»Ein paar Stunden, der Mord muss am frühen Morgen passiert sein.«

Während des Telefonats war Petra umgedreht und befand sich bereits auf dem Rückweg zum Hotel. Suurhusen lag außerhalb Emdens, aber sie würde mit dem Wagen keine Ewigkeit brauchen. Dachte sie, nur hatte sie die Rechnung ohne ihr Navi gemacht, was sich in der Stadt nicht zurechtfand. So fuhr sie plötzlich über die Brücke vom *Roten Siel*, vorbei an einem der ältesten Häuser Emdens, dem *Gödenser Haus* **121**, und schob sich von da durch die engen Gassen der Altstadt. Petra fluchte. Warum zum Teufel konnte sie dieses blöde Gerät nicht auf den Hauptstraßen zum Ziel bringen? Sie hatte die Einstellungen schon so oft geändert, aber immer wieder passierte es, dass sie diese merkwürdigen Strecken fahren musste.

Am Ende stand sie vor dem Bunkermuseum **122**, wo sie erleichtert wendete. Zumindest wusste sie nun, wo es sich befand, denn auch ein Besuch dort war fest eingeplant. Die Geschichte Emdens im Zweiten Weltkrieg war durchaus von Belang.

Petra programmierte das Navi neu, änderte erneut die Einstellungen in der Hoffnung, nicht wieder in irgendwelchen Gassen zu verschwinden. Bis auf die Tatsache, dass es sie animieren wollte, links ins Delft abzubiegen, hatte es jetzt die richtige Route erkannt und lotste sie aus der Stadt. Sie fuhr auf der B 210 an Hinte vorbei und bog links nach Suurhusen ab. Der Turm war wirklich schief, wirkte, als würde er jeden Augenblick umfallen. Es war faszinierend. Seit dem frühen Morgen hatten sich etliche Busse mit Touristen eingefunden, die allerdings unverrichteter Dinge herumstanden, denn das rot-weiße Absperrband war nicht zu übersehen. Darum herum wuselten die weißgekleideten Männer der KTU, auch ihren neuen Chef Garner konnte Petra schon von Weitem erkennen, weil er seine Leute um mindestens einen Kopf überragte. Es hatte aber den Anschein, als wolle er die Größe mittels einer gebückten Haltung vertuschen. Klaus Garner war ihr von daher im Gedächtnis geblieben, als sie sich vor ein paar

Jahren bei einer Konferenz über den Weg gelaufen waren. Er war auch der Erste gewesen, dem sie in der Polizeiinspektion in Emden begegnet war, als sie sich dort vorstellte.

In Petras Hals bildete sich ein Kloß, als sie sich dem Tatort näherte. Ihren Einstand hatte sie sich einfacher vorgestellt. Ein totes junges Mädchen gehörte nicht dazu. Doch sie hatte diesen Beruf gewollt, sie sollte nicht zögern, diese Herausforderung anzunehmen.

Garner hatte Petra ebenfalls schon erblickt und kam sofort auf sie zu. »Morgen. Von einem guten Tag kann hier wohl kaum die Rede sein.«

Der Bestatter transportierte die Leiche gerade ab.

»Weiß man, wer sie war?«, fragte Petra. Irgendetwas musste sie schließlich sagen.

Garner schüttelte den Kopf. »Der Kleidung nach hat sie sich als Prostituierte verdingt, was auch für die vielen Kondome in ihrer Handtasche spricht.«

Petra schob sich das Bild der kleinen Jantje Vis vors Auge und ihre Assoziation zu Molly Malone. Sie hätte nicht so lange vor der Statue verweilen sollen. »Blödsinn!«, schalt sie sich selbst. »Dieses Mädchen war bereits vorher tot, das hat wohl kaum mit deinen Gedanken zu tun.«

»Haben Sie etwas gesagt?«, fragte Garner.

Petra schüttelte den Kopf. Wie unangenehm, sie musste dringend mit diesen Selbstgesprächen aufhören, das hatte ihr in der alten Dienststelle schon einige Lacher eingebracht.

Sie folgte ihren Kollegen, besah sich den Fundort und ließ sich die Verletzungen schildern. »Sie ist erdrosselt worden. Und mit großer Wahrscheinlichkeit hatte sie Verkehr kurz vor ihrem Tod.«

»Kann man davon ausgehen, dass sie auf dem Straßenstrich gearbeitet hat?«

Garner nickte. »Nur haben die meisten Mädchen irgendwo ein Zimmer.«

»Vielleicht wollte irgendein Freier Sex auf dem Friedhof?«, mutmaßte Petra und schüttelte sich bei dem Gedanken, was einen Menschen daran reizen konnte.

Erlebt hatte sie da genug, vor allem in ihren Jahren in Hamburg bei der Sitte. Welch Trugschluss zu glauben, in Ostfriesland wären solche Vorlieben noch nicht angekommen! »Zunächst müssen wir herausfinden, wer sie war. Das würde viele Dinge erleichtern.«

»Wir haben bereits eine Suchanfrage gestartet. Meist sind diese Mädchen bei uns schon mal straffällig geworden. Beischlafdiebstahl und so.« Garner machte sich noch, während er das sagte, auf den Weg zum Auto und Petra folgte ihm.

Sie fuhren in einer Kolonne zurück nach Emden, wo sie sich in der Dienststelle trafen. Über den Flur kroch der Duft von frisch gebrühtem Kaffee und Petra lechzte es förmlich nach einer Tasse.

»Wir haben einen Namen«, konnte Garner verkünden, nachdem alle Platz genommen hatten und ihn erwartungsvoll ansahen. Unter den Blicken seiner Kollegen beugte sich der Chef noch ein Stück weiter vor. Wer zum Teufel hatte ihm beigebracht, dass er nicht größer als seine Mitmenschen sein durfte?

»Sie heißt Sybill Fakt und ist 18. Vor zwei Jahren ist sie von zu Hause ausgezogen, seitdem suchen ihre Eltern sie. Man vermutet, sie ist einem Loverboy aufgesessen, der sie gefügig gemacht hat und für den sie anschafft.«

Petra schüttelte den Kopf. »Lassen Sie mich raten! Sybill stammt aus nicht allzu rosigen Verhältnissen, träumte vom großen Glück mit viel Geld und ist von einem dieser Porsche- und BMW- Fahrer eingefangen worden?« Diese Biografien waren ihr bereits zu oft untergekommen. Die Mädchen erhofften sich die große Liebe und wurden von ihren *Freunden* – oder besser – ihren *Loverboys* auf den Strich geschickt. Sie würden alles für diese Männer tun, waren ihnen absolut hörig.

Garner nickte mit zusammengepressten Lippen. »So scheint es zu sein.«

»Ich spreche mit den Eltern.«

Petra machte sich augenblicklich auf den Weg. Familie Fakt lebte gleich neben der a Lasco Bibliothek 123 in einem roten Klinkerbau. Die Kommissarin sah sich zunächst draußen um und versuchte, die Umgebung in sich aufzusaugen. Oftmals halfen am Ende Kleinigkeiten, um Dinge klarer zu sehen. Vor dem Haus parkten Autos unterschiedlichen Fabrikats, einzig ein BMW 7 stach aus der Masse heraus.

Petra klingelte, die Tür wurde ihr von einem untersetzten Mann mit rot unterlaufenen Augen geöffnet. Sie folgte ihm in die Küche, sagte ihren Spruch auf, der ihr jedes Mal stumpf und abgebrüht erschien.

Die Mutter saß danach weinend am Tisch und rührte ihren Kaffee ohne aufzublicken. Sie steckte sich eine Zigarette an. Klickte die Glut in den übervollen Aschenbecher. Der Geruch von Schweinebraten und Sauerkraut dominierte das Zimmer.

»Es war klar, dass so etwas passieren musste«, sagte Rudolf Fakt. »Dieser Mistkerl hat einen anderen Menschen aus ihr gemacht.«

»Wie war sie?«, hakte Petra ein. Wer der Mistkerl war, würde sie später erfragen.

Sie erfuhr die Geschichte eines kleinen Mädchens, das sich für Barbiepuppen interessierte. Ein großer Otto Waalkes-Fan, der viel Zeit im Otto-Huus [124] verbrachte, jeden seiner Sketche auswendig kannte und die Ottifanten auf dem Papier in Perfektion wiederzugeben verstand. Der Vater holte ein Bild, das der aus der Wand herausragenden Skulptur am Otto-Huus arg ähnelte. »Und dann ist ihr dieser Typ begegnet«, endete Rudolf Fakt. »Dieser Matthias Gaul.«

Petra notierte den Namen. Mehr wussten die Eltern nicht, nur dass der Mann auch aus Emden kam und Sybill ihn abgöttisch liebte. »Er hat sie gefügig gemacht und auf den Strich geschickt«, ergänzte Rudolf Fakt. Er sah die ganze Zeit aus dem Fenster und verzog keine Miene. Überhaupt wirkte er sehr erstarrt.

Die Kommissarin ließ sich die Adresse von Matthias Gaul geben, obwohl sie erstaunt war, dass die Familie sie überhaupt kannte, denn meist tappten die Angehörigen bei so etwas im Dunkeln.

Matthias Gaul war Angestellter der Reederei, die für die Grachtenbootsfahrten [125] zuständig war. Er stand am Schalter, wo an diesem vorsommerlichen Tag noch nicht allzu viel los war. Matthias hatte rotes Haar, zog ein Bein nach und wirkte nicht annähernd so, wie man sich einen Loverboy vorstellte. Als Petra ihm von Sybills Tod berichtete, sackte er in sich zusammen, schluchzte laut auf. Es dauerte eine Weile, ehe sich der junge Mann beruhigt hatte. »Kennen Sie die Geschichte von Molly Malone?«, fragte er schließlich.

Petra nickte. Was hatte denn das nun zu bedeuten? Wieso trug sich dieser Mann mit ähnlichen Gedanken wie sie?

»Sybill sagte immer, sie glaube nicht, dass Jantje Vis am Ratsdelft eine harmlose Skulptur sei. Sie dachte, es sei die kleine Schwester von Molly Malone, der das gleiche Schicksal geblüht hatte wie ihr. Aus Armut in die Prostitution gezwungen.«

»War Sybill arm?«

»Wie man's nimmt. Ich besitze auch nicht mehr als sie und bin zufrieden. Ihre Eltern hätten gern einen besseren Stand gehabt. Vor allem ihr Vater. Er ist arbeitslos, überall rausgeflogen, weil er ständig Stunk gemacht hat. So ändert man sein Leben nun mal nicht. Ihre Mutter schuftet Tag und Nacht.«

»Wann haben Sie zuletzt von Sybill gehört?« Petra glaubte nicht an den Loverboy Matthias. Da hatte ihr die Familie einen Bären aufgebunden. Aber das, was ihr der junge Mann erzählte, machte sie hellhörig.

»Vor etwa einem Jahr. Davor war sie immer dünner geworden, hatte vor allem abends keine Zeit, sich mit mir zu treffen. Sie ging seltener zur Schule, nachher glaube ich gar nicht mehr. Obwohl sie das Abi locker hätte schaffen können.«

Petra winkte dem Chef der Reederei und bat ihn, seinen Mitarbeiter eine halbe Stunde vom Dienst zu befreien. Sie nahm ihn mit sich, zusammen setzten sie sich an den Rand der Gracht auf eine Bank. »Hatten Sie eine sexuelle Beziehung zu ihr?«

Matthias lachte bitter auf. »Sehen Sie mich doch an, Frau Kommissarin. Ich bin vielleicht ein guter Kumpel, aber kein Kerl, den eine Sybill Fakt an ihre Wäsche lässt.«

»Wen hat sie denn an sich rangelassen?«, fragte Petra. Matthias' Stimme hatte ihr eine Spur zu enttäuscht geklungen. War er eifersüchtig gewesen?

»Ich weiß ehrlich gesagt von niemandem. Sie galt als unberührbar. Bis eines Tages …« Er stockte.

»Was war eines Tages?«, hakte Petra nach.

»Eines Tages hieß es, man habe sie gesehen. Auf dem Parkplatz eines eindeutigen Hotels. Ein Mann war an ihrer Seite, mit dem sie hinaufgegangen ist.«

»Weiter!«, forderte die Kommissarin ihn auf.

»Ich habe nachgesehen. Sie war tatsächlich jeden Abend dort. Hat in den Pausen zwischen den einzelnen Freiern draußen geraucht, ich habe aber nicht nur sie erkannt.«

Petra wartete einen Augenblick, weil sie merkte, wie schwer Matthias das Weitersprechen fiel.

»Der Mann, der sie dazu zwang, war ihr eigener Vater«, stieß er aus. »Ihr Stiefvater.«

Jetzt wusste die Kommissarin, was sie bei den Fakts stutzig hatte werden lassen. Vor dem Haus hatte ein 7-er BMW gestanden, auf dem Nummernschild die Initialen RF – wie Rudolf Fakt. Ein Wagen also, der nicht zum Lebensstandard der Familie passte.

Matthias schluckte. Ihm musste Sybill wirklich nahe gewesen sein. »Ich habe im Netz nach ihr gesucht. Auf solchen Seiten. Sie wissen schon. Ich wollte es einfach ganz genau wissen.«

»Sie nannte sich dort natürlich nicht Sybill«, versuchte es Petra dem jungen Mann leichter zu machen.

Er schüttelte den Kopf. »Sie war bekannt als Jantje Fis.« Matthias brach in Tränen aus.

Petra machte sich auf den Weg zurück zur Familie Fakt. Der schwarze BMW stand noch immer trutzig vor dem Mehrfamilienhaus. Der eigene Vater war also ein Zuhälter. Wer aber hatte Sybill an der Suurhuser Kirche getötet?

Vielleicht war es möglich, etwas über den letzten Freier herauszufinden.

Sie klingelte, wieder öffnete der Vater. Ihn umgab eine Alkoholfahne.

Petra Erdmann fiel gleich mit der Tür ins Haus. »Es gibt keinen Loverboy, Herr Fakt. Ich weiß mittlerweile, dass sie selbst den Zuhälter geben. Ich werde gegen Sie ermitteln, denn im vergangenen Jahr war Sybill noch minderjährig. Jetzt aber wüsste ich zu gern, wer der letzte Freier war, der es mit Ihrer Tochter auf einem Friedhof treiben wollte.« Petras Stimme klang scharf wie ein Messer. Sie hasste diese Art Männer, die glaubten, sie hätten die Welt für sich gepachtet.

Rudolf Fakt wand sich angesichts der harschen Worte. Er war es offenbar nicht gewöhnt, dass sich ihm gegenüber ein weibliches Wesen selbstbewusst zeigte und sich gar gegen ihn stellte.

Seine eigene Frau zündete sich gerade mit zittrigen Fingern die nächste Zigarette an, vor ihr stand mittlerweile auch ein Glas mit einer klaren Flüssigkeit, daneben befand sich eine Flasche Wodka.

»Ich weiß nicht, wovon Sie reden«, stieß Rudolf Fakt aus.

Petra Erdmann schwieg, sah ihr Gegenüber lange an. Sein Blick senkte sich, seine Augen zwinkerten. Er war kurz davor, einzubrechen. »Nun?«, fragte sie.

Plötzlich klirrte Glas. Sabine Fakt hatte sich erhoben und torkelte durch die Küche auf ihren Ehemann zu. In der Hand hielt sie die Wodkaflasche. »Du hast sie umgebracht. Sie wollte nicht mehr. Sie konnte nicht mehr. Da hast du sie nach Suurhusen gelockt, es so aussehen lassen, dass es ein perverser Freier war. Und anschließend hast du sie erdrosselt, denn sie hatte vor, dich anzuzeigen. Meine kleine Sybill, die nur noch heißen durfte wie ein Fischermädchen – Jantje Vis!«

Dann ging alles ganz schnell. Die Flasche sauste auf Rudolf Fakts Kopf nieder, ehe Petra Erdmann eingreifen konnte. Der fiel zu Boden, bewegte sich nicht mehr. Seine Frau warf sich auf ihn und begann hemmungslos zu weinen.

Petra rief ihren Chef und den Rettungsdienst an. Nur kurze Zeit später herrschte ein heilloses Gewusel in der kleinen verrauchten Wohnung. Für Rudolf Fakt kam jede Hilfe zu spät.

»Sie hätten es nicht verhindern können?«, fragte Garner. Er befürchtete eine interne Untersuchung der Vorgänge.

Petra schüttelte den Kopf. »Wie soll man so etwas verhindern? Es ging so schnell. So verdammt, beschissen schnell!« Sie sah Garner mit tränenverschleiertem Blick an. »Ich kündige. Ich kann nicht mehr. Ich habe zu viel gesehen während meiner Dienstjahre, ich bin völlig durch den Wind. Für mich ist es endgültig vorbei. Ich … kann … keine … Toten … mehr … sehen!«

Auf dem Weg zum Upstalsboom Hotel kam sie an einem Blumenladen vorbei und erstand ein paar rote Rosen. Petra machte einen Umweg am Ratsdelft entlang und legte die Blumen Jantje Vis zu Füßen. »Leb wohl, lütte Fischerin. Ich hoffe, du warst nicht die kleine Schwester von Molly Malone.«

FREIZEITTIPPS:

116 Skulptur Fischermädchen

An der Delfttreppe Fußgängerzone steht die Skulptur des Fischermädchens Jantje Vis. Sie spiegelt in ihrer Einfachheit das Leben der Seehafenstadt, das Dasein der Menschen dort auf eine sehr liebevolle Art und Weise wider. Ein Blick darauf lohnt sich allemal.

117 Feuerschiff Deutsche Bucht

Das Feuerschiff liegt gut sichtbar im Ratsdelft und gilt beinahe als das Wahrzeichen von Emden. Es wurde 1915 erbaut und diente als schwimmender Leuchtturm in der Deutschen Bucht.

Im Schiffsinneren befindet sich ein vielseitiges Museum, das den Themenkomplex *Feuerschiff* widerspiegelt, aber auch andere Einblicke in die Seeschifffahrt gewährt. Ein Mal im Jahr legt das Schiff ab und fährt auf der Ems.

118 Pelzerhäuser

Bei den Pelzerhäusern 11+12 handelt es sich um alte Bürgerhäuser aus der Zeit der Renaissance, die in der mittelalterlich geprägten Pelzerstraße liegen. Beide Häuser stammen aus der Blütezeit Emdens und wurden 1570 und 1585 errichtet.

Das Ostfriesische Landesmuseum nutzt die schönen historischen Gebäude für wechselnde Ausstellungen, um ein vielfältiges Kunst- und Kulturangebot zu gewährleisten. Im Dachgeschoss befindet sich eine Bühne für kulturelle Veranstaltungen. Das angegliederte, rollstuhlgerechte Kulturcafé bietet hausgebackenen Kuchen und gemütliche Räumlichkeiten.

www.landesmuseum-emden.de

119 Emder Kunsthalle
Einen Besuch wert ist die Emder Kunsthalle in jedem Fall. Ihre Existenz verdankt sie Henri Nannen und seiner Frau. Mittlerweile hat sie sich zu einer Galerie internationalen Standarts gemausert und ist bis weit über die Grenzen Emdens hinaus bekannt. Wichtig erscheinen nicht nur die bemerkenswerten Exponate der Sammlungen, die sich von Werken des Expressionismus bis in die Gegenwartskunst erstrecken, sowie die wechselnden Kunstausstellungen, sondern auch das Erleben von Kunst. Die Kunsthalle Emden will nicht nur ausstellen. So liegt ein besonderer Schwerpunkt in der aktiven Gestaltung, die sie durch ein vielseitiges Angebot ermöglicht. Es gibt eine Malschule, Führungen und andere museumspädagogische Konzepte.

www.kunsthalle-emden.de

120 Kirchturm Suurhusen
Ein kleiner Abstecher von Emden aus lohnt sich, wenn man einen Turm sehen will, der schiefer ist als der von Pisa. Warum also nach Italien fahren? Der wirklich schiefste Turm der Welt steht nämlich in Ostfriesland in dem kleinen Ort Suurhusen. Der Neigungswinkel dieses Kirchturms beträgt 5,19 Grad, während der des Turms von Pisa lediglich bei 3,97 Grad liegt.

121 Das Gödenser Haus in Emden

Das *Gödenser Haus* befindet sich am Roten Siel und ist eines der ältesten Gebäude in Emden. Direkt gegenüber steht die Neue Kirche.

Das Haus wurde 1551 von Hebrich von Kniphausen erbaut und diente der Gödenser Häuptlingswitwe als Stadthaus. Es ist ein zweistöckiges Backsteinhaus mit Krüppelwalm. Es hat also eine Dachkonstruktion, mit auch auf der Giebelseite geneigten Dachflächen, die aber nicht vollständig abgewalmt sind, sodass ein Restgiebel erhalten bleibt. Nach mehreren Verkäufen war es später Zuchthaus und Amtsgericht. Heute beherbergt es ein Studentenwohnheim.

122 Bunkermuseum

Wer sich für Bunker und die Geschehnisse im Zweiten Weltkrieg in Emden interessiert, tut gut daran, sich hier einmal umzusehen. Man erfährt viel Nennenswertes über die Kriegsereignisse, aber auch über die menschlichen Schicksale der Emder Bevölkerung. Luftschutz, Zwangsarbeiter und das Kriegsende nebst der Nachkriegszeit sind ebenfalls Themen. Der Museumsbunker bietet eine nachdenklich machende und zugleich eindrucksvolle Dokumentation dieser Zeit. www.bunkermuseum.de

123 A Lasco Bibliothek

Die Johannes a Lasco Bibliothek ist sicher etwas ganz Besonderes und für jeden historisch Interessierten ein Muss. Sie befindet sich in der Kirchstraße an der Großen Kirche Emden und birgt wahre Schätze über die Geschichte des Protestantismus. Die Bibliothek gilt als internationale Forschungsstätte. Johannes a Lasco war im 16. Jahrhundert im Auftrag Gräfin Annas darum bemüht, in Ostfriesland eine einheitliche Kirchenordnung durchzusetzen und daher gerade für den ostfriesischen Hof von immenser Bedeutung. Aber nicht nur die mannigfaltigen Schriften zum Thema sind interessant, auch das Bauwerk mit dem alten Kirchenschiff lohnt einen Besuch. www.jalb.de

124 Dat Otto Huus

Dat Otto Huus ist dem Komiker Otto Waalkes gewidmet. Schon äußerlich entlockt es dem Besucher mit dem ins Mauerwerk gemeißelten Ottifanten ein Lächeln. Die Stadt Emden hat ihm dieses Museum gewidmet. Es zeigt sowohl dessen Werdegang als auch Filmausschnitte, Sketche aus seinen Bühnenprogrammen und Weiteres. Ein Museum, in dem des Öfteren laut gelacht wird und sicher nicht nur eins für Fans.

125 Grachtenrundfahrten

Emden wird auch *Venedig des Nordens* genannt. Um dieses Gefühl zu erfahren, bieten sich die Rundfahrten auf den Grachten an. Diese Touren beginnen sowohl am Ratsdelft als auch an der Kunsthalle. Erleben Sie die Seehafenstadt von der romantischen Seite und lassen Sie sich von dem maritimen Flair bezaubern.

*Weitere Romane finden Sie auf den
folgenden Seiten und im Internet:
www.gmeiner-verlag.de*

Harald Schneider
Wer mordet schon in der Kurpfalz?
978-3-8392-1582-1

»Eine kriminelle Entdeckungstour quer durch die kurpfälzische Rheinebene.«

Sie denken, die Kurpfalz wäre eine beschauliche Urlaubsregion, in der es neben gutem Essen, Wein und Bier jede Menge touristische Sehenswürdigkeiten gibt? Bis auf das »Beschaulich« mag das alles stimmen. Doch hinter den Kulissen gärt die Kriminalität, vielleicht noch intensiver als in anderen Regionen. Begeben Sie sich mit unserem Kommissar Reiner Palzki auf eine kriminelle Entdeckungstour quer durch die kurpfälzische Rheinebene. So haben Sie diese Region garantiert noch nicht kennengelernt …

Wir machen's spannend

S. Prescher / S. Porath
Wer mordet schon
zwischen Alb und Donau?
978-3-8392-1581-4

»Gemeinsam mit Kommissar Jochen Schädle entdeckt der Leser die Region zwischen Donau und Eyach.«

Ruhestand … wegen einem bisschen Bandscheibe! Kommissar Jochen Schädle ist stinkwütend. Aber statt sich ins Rentnerdasein zu fügen, fährt er los. Von Rottweil über Donaueschingen bis Fridingen und dann Richtung Balingen und Hechingen. Ruhe findet er unterwegs aber nicht: egal wo er anhält, überall erinnert er sich an Mord und Totschlag. Der Leser folgt dem ungewöhnlichen Ermittler bei dessen Reise in eine kriminelle Vergangenheit und entdeckt so nebenbei die schönsten Plätze der Region.

Wir machen's spannend

Franziska Steinhauer
Wer mordet schon
in Cottbus und im Spreewald?
978-3-8392-1583-8

»Mörderische Geschichten mit bekannter Serienfigur«

Mord und Totschlag rund um Cottbus? Oder im Spreewald? Tatsächlich gibt es nicht viele Tötungsdelikte in der beschaulichen Region – allerdings sind der Fantasie ja keine Grenzen gesetzt. Der einsame Tote am Fließ, sonderbare Todesumstände bei einer Tour auf dem Gurkenradweg – an diese und viele andere Mordschauplätze nimmt Franziska Steinhauer die Leser gern mit. Die Autorin deckt in ihrem kriminellen Reiseführer verborgene Motive auf und lässt ihre Protagonisten beherzt zum Äußersten schreiten.

Wir machen's spannend

Unser Lesermagazin
2 x jährlich das Neueste aus der Gmeiner-Bibliothek

24 x 35 cm, 40 S., farbig; inkl. Büchermagazin »nicht nur« für Frauen und HistoJournal

Das KrimiJournal erhalten Sie in Ihrer Buchhandlung oder unter www.gmeiner-verlag.de

GmeinerNewsletter
Neues aus der Welt der Gmeiner-Romane

Haben Sie schon unsere GmeinerNewsletter abonniert?

Monatlich erhalten Sie per E-Mail aktuelle Informationen aus der Welt der Krimis, der historischen Romane und der Frauenromane: Buchtipps, Berichte über Autoren und ihre Arbeit, Veranstaltungshinweise, neue Literaturseiten im Internet und interessante Neuigkeiten.

Die Anmeldung zu den GmeinerNewslettern ist ganz einfach. Direkt auf der Homepage des Gmeiner-Verlags (www.gmeiner-verlag.de) finden Sie das entsprechende Anmeldeformular.

Ihre Meinung ist gefragt!
Mitmachen und gewinnen

Wir möchten Ihnen mit unseren Romanen immer beste Unterhaltung bieten. Sie können uns dabei unterstützen, indem Sie uns Ihre Meinung zu den Gmeiner-Romanen sagen! Senden Sie eine E-Mail an gewinnspiel@gmeiner-verlag.de und teilen Sie uns mit, welches Buch Sie gelesen haben und wie es Ihnen gefallen hat. Alle Einsendungen nehmen automatisch am großen Jahresgewinnspiel mit attraktiven Buchpreisen teil.

Wir machen's spannend